JN425206

중급 한국어

1

발간사

2004년에 개교한 사이버한국외국어대학교는 한국에서 유일한 온라인 외국어교육 특성화 대학으로 2007년에 국내외 외국인에게 한국어를 교육할 수 있는 전문 한국어 교원 양성을 목적으로 한국어학부를 열었습니다. 한국어학부는 창과 이래 해외한국어교육 실습과 교수진의 해외 한국어 교원 대상 특강 등을 활발히 이어 왔으며, 그 과정에서 온라인을 통한 한국어 학습 요구가 높음을 확인하였습니다. 또한 국내 이주민 단체와 해외 협력 대학의 적극적인 요청에 힘입어 2018년 외국인 전용 전공인 '실용 한국어' 과정을 신설하였습니다. 한국어학부는 현재 외국어로서의 한국어 교육 전공과 한국어 전공 두 개의 전공을 운영하고 있으며, 2025년 현재 한국어 전공에는 15개국 200여 명의 외국인 학생들이 한국어를 학습하고 있습니다.

사이버한국외국어대학교 한국어학부의 한국어 학습 콘텐츠(VOD)는 한국어 전공 학생 이외에 사이버한국외국어대학교와 교류하고 있는 해외 대학 한국어 전공 학생들에게도 학점 교류 형태로 제공되고 있습니다. 한국어학부 교수진은 이 학생들의 한국어 학습을 적극적으로 지원하고자 VOD와 함께 사용할 수 있는 출판물 형태의 교재 개발을 기획하였고 한국어 전공 교육과정 중 초급1, 초급2, 중급1, 중급2, 고급1, 고급2의 교과목에서 다루는 내용을 바탕으로 이 교재를 개발하였습니다.

이 교재는 다음과 같은 특성을 가집니다.

첫째, 각 권이 16개 단원으로 구성되어 대학 기관에서 수업용 교재로 활용하기에 적합합니다. 대학부설 한국어교육기관과 달리 일반적으로 14주~16주로 구성된 학기 운영을 하는 대학 수업에 맞게 단계별로 16개 단원으로 교육 내용이 구성되었습니다.

둘째, 교재의 내용이 동영상 강의와 연계되어 있어 혼합학습(Blended Learning)과 거꾸로 학습(Flipped Learning)으로 교수학습 활동을 운영할 수 있습니다. 혼합학습은 학습 내용에 대한 이해를 충분히 하고 무한 반복 학습을 가능하게 하여 완전 학습을 이끌 수 있습니다. 또 거꾸로 학습은 학습 내용을 바탕으로 교실에서는 의사소통 중심에 초점을 맞춘 활동을 가능하게 할 수 있습니다.

셋째, 언어 학습의 전형적인 단계인 '이해'와 '사용'의 순서로 학습 내용이 배열되어 있어 교사의 수업 구성이 용이합니다. 어휘와 문법을 학습하고 문법의 규칙을 익히는 연습 활동, 그리고 학습한 것을 활용하여 수행하는 언어 활동의 순으로 학습 순서가 구성되어 있습니다.

넷째, 의사소통 능력과 언어 정확성을 모두 고려하여 형태와 의미에 초점을 둔 학습을 구성하였습니다. 의사소통 상황 속에서 자연스럽게 의미를 전달하는 능력을 기를 수 있도록 열린 과제 수행을 통해 학습 어휘와 문법을 통합적으로 이용할 수 있습니다.

다섯째, 풍부한 어휘 확장이 가능하도록 어휘 제시를 설계하였습니다. 주제 연관어뿐만 아니라 의미적 연관성에 따라 긴밀하게 연상 가능한 어휘들을 조직화하여 제시하고 연습에 이용할 수 있도록 함으로써 학습자들이 다양한 어휘들을 접하고 사용할 수 있습니다.

이 교재가 나오기까지 기획에서 집필, 그리고 교정 등의 모든 과정에서 함께 고민하고 수고를 아끼지 않으신 사이버한국외대의 교수진께 깊은 감사를 드립니다. 또한 어려운 출판 환경에서도 출판을 허락하여 주신 도서출판 하우의 박민우 대표님께 진심으로 감사를 드립니다. 보이지 않는 곳에서 삽화와 편집으로 애쓰신 하우의 관계자 여러분께도 감사의 마음 전합니다. 이 교재가 국내외에 흩어져 외롭게 한국어를 공부하고 있는 많은 학습자들에게 든든한 도우미가 되기를 바랍니다.

고맙습니다.

2025년 12월

저자 대표 진정란

일러두기

『중급 한국어』는 한국어 중급 학습자를 대상으로 다양한 상황에서 효과적으로 의사소통할 수 있는 능력을 기를 수 있도록 구성된 교재입니다. 일상생활뿐 아니라 사회적·문화적 주제를 바탕으로 중급 문법, 어휘, 대화 전략을 통합적으로 학습할 수 있도록 설계되었습니다.

교재 구성 및 활용 대상

이 교재는 총 16개 단원으로 구성되어 있으며, 일반적인 대학의 한 학기(15~16주) 수업 일정에 맞추어 개발되었습니다. 따라서 국내외 대학의 한국어 수업에서 주 교재 또는 보조 교재로 활용하기 적합합니다.

교재 구성의 특징

- 1과~7과, 9과~14과의 각 단원은 도입, 어휘·표현, 문법, 대화, 말하기, 쓰기, 읽기 등 다양한 활동, 발음 팁 등으로 이루어져 있습니다.
- 8과와 15과는 복습 단원으로 이전 단원에서 학습한 내용을 확인할 수 있는 연습 문제와 함께, 한국의 문화를 소개하는 읽기 자료가 포함되어 있습니다.
- 16과는 한국어능력시험(TOPIK)의 읽기 문제 형식을 응용한 단원으로, 수준별 읽기 능력을 점검하고 평가할 수 있도록 구성되어 있습니다.

온라인 연계 활용

이 교재는 강의자의 설명과 학습 연습이 포함된 온라인 콘텐츠와 함께 사용할 수 있도록 개발되었습니다. 따라서 온라인과 오프라인 수업을 병행하는 하이브리드형 교재로 활용할 수 있으며, 온라인 콘텐츠와 함께 사용할 경우 자가학습용 교재로도 적합합니다.

단원별 구성

도입

주제와 관련된 그림과 질문으로 단원의 내용을 미리 생각해 보고, 말하기 연습을 할 수 있습니다.

어휘 · 표현

어휘·표현에서 주제와 관련된 핵심 어휘와 표현을 학습합니다. 어휘 연결하기, 문장 구성하기, 대화 완성하기 등, 다양한 연습으로 구성되어 있습니다.

문법

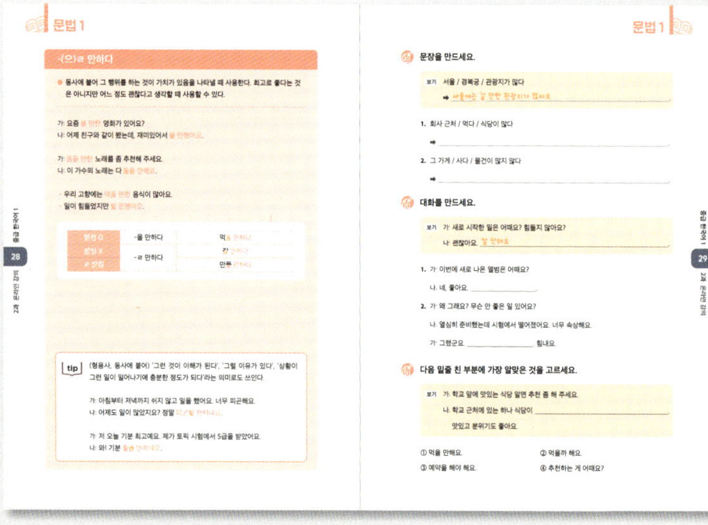

	-을 만하다	먹을 만하다
	-ㄹ 만하다	갈 만하다
		만들 만하다

단원의 문법 항목 2가지가 제시되어 있으며 예문과 연습 문제를 통해 문법을 익힙니다. 문법의 tip을 통해 문법 사용에서 주의해야 할 점을 확인할 수 있습니다.

대화

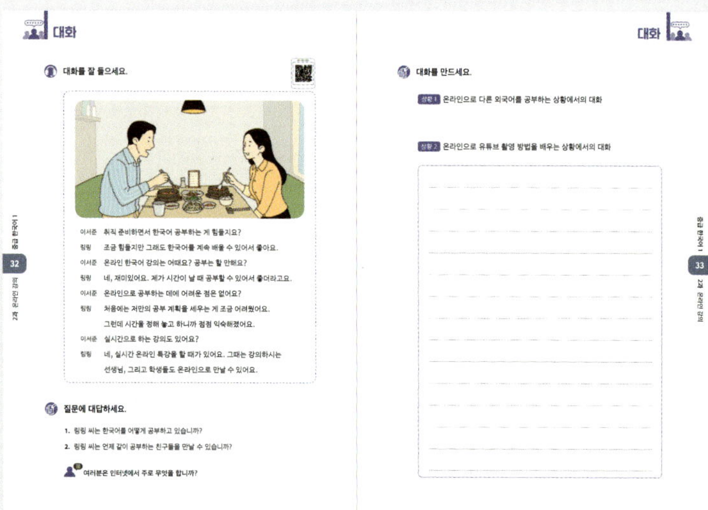

중급 어휘와 문법이 사용된 실용적인 대화를 통해 맥락 속에서 표현을 이해합니다. 대화문과 함께 제공되는 음원을 들으며 대화를 연습할 수 있습니다. 대화를 들은 후 질문을 통해 내용을 다시 확인할 수 있습니다. 주어진 대화를 응용하여 다양한 상황에서의 대화를 만들며 확장된 연습을 할 수 있습니다.

활동, 발음 팁, 확인 점검

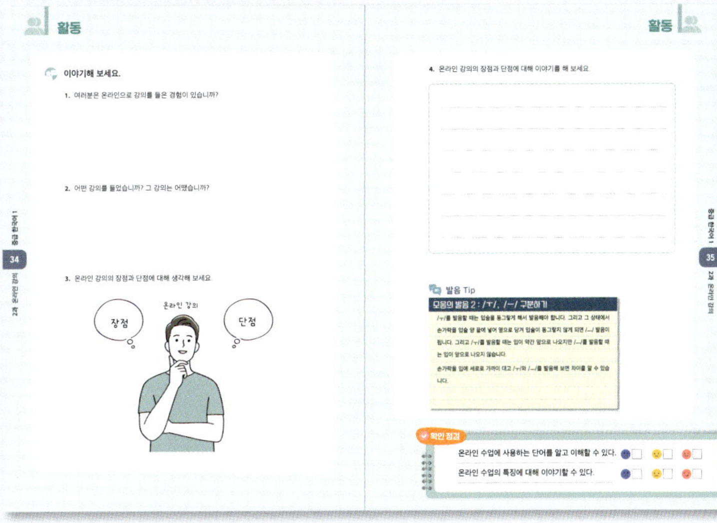

활동

이야기해 보세요.

1. 여러분은 온라인으로 강의를 들은 경험이 있습니까?

2. 어떤 강의를 들었습니까? 그 강의는 어땠습니까?

3. 온라인 강의의 장점과 단점에 대해 생각해 보세요.

중급 한국어 1 34 2과 온라인 강의

활동

4. 온라인 강의의 장점과 단점에 대해 이야기를 해 보세요.

발음 Tip

모음의 발음 2 : /ㅜ/, /ㅡ/ 구분하기

/ㅜ/를 발음할 때는 입술을 동그랗게 해서 발음해야 합니다. 그리고 그 상태에서 손가락을 입술 양 끝에 넣어 옆으로 당겨 입술이 동그랗지 않게 되면 /ㅡ/ 발음이 됩니다. 그리고 /ㅜ/를 발음할 때는 입이 약간 앞으로 나오지만 /ㅡ/를 발음할 때는 입이 앞으로 나오지 않습니다.

손가락을 입에 세로로 가까이 대고 /ㅜ/와 /ㅡ/를 발음해 보면 차이를 알 수 있습니다.

확인 점검

온라인 수업에 사용하는 단어를 알고 이해할 수 있다.	☐	☐	☐
온라인 수업의 특징에 대해 이야기할 수 있다.	☐	☐	☐

중급 한국어 1 35 2과 온라인 강의

실제 상황에서 자신의 생각을 말하고 쓸 수 있도록 주제에 맞는 활동이 구성되어 있습니다. 이를 통해 실제적인 의사소통 능력을 향상할 수 있습니다.

발음 팁을 통해 발음 규칙을 학습하고 다양한 예시를 통해 발음을 연습할 수 있습니다.

마지막으로 확인 점검을 통해 학습한 내용을 정리하며 단원 목표 달성 여부를 스스로 점검할 수 있습니다.

교재 구성표

단원	단원명	학습목표	주제	어휘와 표현
1과	공항	공항에 마중을 나갈 수 있다.	공항	공항 관련 어휘와 표현
2과	온라인 강의	온라인 강의를 수강할 수 있다.	온라인 강의	온라인 강의 관련 어휘와 표현
3과	전화 문의	전화로 문의 및 응대를 할 수 있다.	전화 문의	전화 관련 어휘와 표현
4과	동창회	동창회를 계획할 수 있다.	동창회	동창회 관련 어휘와 표현
5과	시험 준비	시험을 준비할 수 있다.	시험 준비	시험 관련 어휘와 표현
6과	취업 상담	취업 상담을 할 수 있다.	취업 상담	취업 관련 어휘와 표현
7과	회사 업무	직장에서 맡은 업무를 할 수 있다.	업무	업무 관련 어휘와 표현
8과	문화와 복습 1	한국에서 특별한 날에 먹는 음식의 의미에 대해 이해할 수 있다.	문화와 복습	1~7과 어휘와 표현 복습
9과	회사 생활	회사 생활에 잘 적응할 수 있다.	회사 생활	회사 생활 관련 어휘와 표현
10과	일과 공부	일과 공부를 모두 잘할 수 있다.	학업 병행	학업 병행 관련 어휘와 표현
11과	안부	안부를 묻고 답할 수 있다.	안부	안부 관련 어휘와 표현
12과	건강과 증상	건강 상태를 확인할 수 있다.	건강 상태	건강과 증상 관련 어휘와 표현
13과	미용과 화장	미용과 화장 경험에 대해 말할 수 있다.	미용과 화장	미용과 화장 관련 어휘와 표현
14과	합격	나만의 합격 비결을 말할 수 있다.	시험 합격	합격 관련 어휘와 표현
15과	문화와 복습 2	한국의 여가 문화에 대해 알 수 있다.	문화와 복습	9~14과 어휘와 표현 복습
16과	종합연습		종합 연습	공인한국어시험 어휘와 표현 연습

문법		발음	활동
-자마자	-아/어 놓다	모음 ㅓ, ㅗ 구분	공항에서 일어날 수 있는 일 말하기
-(으)ㄹ 만하다	-더라고요	모음 ㅜ, ㅡ 구분	온라인 수업의 장단점 말하기
간접화법 평서문	간접화법 명령문	모음 ㅜ, ㅗ 구분	광고문 읽고 전달하는 글 쓰기
간접화법 의문문	간접화법 청유문	'가져', '다쳐' ,'쪄'	이메일 내용 읽고 전달하는 말하기
-느라고	-다니요?	이중모음 ㅖ	시험을 잘 보기 위한 방법 말하기
-(으)ㄹ 리가 없다	-잖아요	이중모음 ㅢ	합격하는 이력서 쓰기! 글 읽고 말하기
-기는요	-(으)려면 멀었다	ㅂ, ㅃ, ㅍ 구분	시간을 아껴 주는 업무 팁! 글 읽고 말하기
1~7과 문법 복습			특별한 날에 먹는 음식 말하기
에 따라서	-(으)ㄴ/는 데다가	ㄹ 발음	동료와의 갈등 해결하는 방법 말하기
(아무리) -아/어도	-(으)ㄹ 걸 그랬다	ㅅ 발음	인생에서 후회하는 일 쓰기
-(으)ㄹ 지도 모르다	-아/어야겠다	격음화	보고 싶은 사람에 안부 편지 쓰기
-지 그랬어요?	-지 그래요?	ㅎ 뒤 ㅅ 발음	환절기 건강, 이렇게 챙기자! 읽고 말하기
-(으)니까	-(으)ㄴ/는 만큼	ㅎ 뒤 비음화와 유음화	K-뷰티, 세계의 시선을 모으다 읽고 말하기
-다면서요?	-적	ㅎ 탈락	성공의 비결 말하기
9~14과 문법 복습			인기 있는 여가 장소 말하기
공인한국어시험 문법 연습			

차례

1 공항

학습 목표	공항에 마중을 나갈 수 있다.
주제	공항
어휘와 표현	공항 관련 어휘와 표현
문법	-자마자, -아/어 놓다

공항에서 사람들이 무엇을 합니까?

공항에 간 경험에 대해서 이야기해 봅시다.

어휘 · 표현

알아보세요.

공항

이륙하다

착륙하다

환승하다

출국 심사

입국 심사

지연되다

수하물

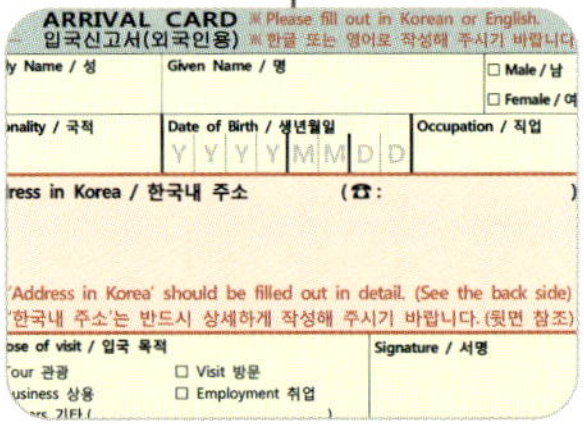

입국 신고서

탑승구

보안 검색대

세관 신고

연결하세요.

수하물 •	• 출입국을 할 때 세금을 신고하는 것
탑승구 •	• 비행기를 탈 때 부치거나 들고 타는 짐
세관 신고 •	• 비행기, 배, 기차를 타는 입구나 구역

빈칸에 알맞은 표현을 채우세요.

1. 출국을 하기 위해 ________________에서 소지품을 검사합니다.

2. 공항에서 ________________을/를 받고 면세점에서 쇼핑을 했습니다.

3. 먼저 인천 공항에 내린 후 ________________ 다른 나라로 갑니다.

4. 비행기가 ________________ 전에 승무원들이 안전 수칙을 설명합니다.

빈칸에 알맞은 표현을 채워 대화를 완성하세요.

1. 가: 출발이 늦어지네요.

나: 네. 태풍 때문에 비행기가 ________________.

2. 가: 한국에 입국하는 외국인은 ________________을/를 작성해야 합니다.

우리 비행기는 곧 ________________ 예정이니 안전벨트를 매 주시기 바랍니다.

문법 1

-자마자

- 동사 뒤에 붙어 앞에 동작이 이루어진 후, 바로 뒤이어 다음의 사건이나 동작이 일어남을 나타낼 때 사용한다.

가: 요즘에 이상하게 잠이 잘 안 와요. 링링 씨는 잘 자요?
나: 네, 저는 항상 눕자마자 바로 잠들어요.

가: 오늘 바빠요?
나: 네, 학교 끝나자마자 아르바이트를 하러 가야 해요.

- 우리는 만나자마자 사랑에 빠졌어요.
- 그렇게 밥을 먹자마자 자면 건강에 안 좋아요.

받침 O	-자마자	먹자마자
받침 X		가자마자

문장을 만드세요.

보기 학교에서 돌아오다 / 밥을 먹다

➡ 학교에서 돌아오자마자 밥을 먹었어요.

1. 집에 도착하다 / 화장실에 가다

➡ ________________.

2. 책을 읽다 / 잠이 들다

➡ ________________.

대화를 만드세요.

보기 가: 집에 오면 제일 먼저 뭘 해요?

나: 저는 집에 오자마자 세수를 해요.

1. 가: 아침에 일어나면 제일 먼저 뭘 해요?

나: 저는 ________________.

2. 가: 회사에 도착하면 무엇을 먼저 해요?

나: 저는 ________________.

다음 밑줄 친 부분에 가장 알맞은 것을 고르세요.

보기 가: 퇴근 후에 혹시 시간 있어요? 저녁 식사 같이 해요.

나: 미안해서 어떡하죠. 오늘 저녁에 약속이 있어서 ________________.

① 지금 갈 수 있어요.
② 퇴근 후에 연락할게요.
③ 퇴근하자마자 가야 해요.
④ 식사 후에 만나기로 하지요.

문법 2

-아/어 놓다

● 동사 뒤에 붙어 어떤 행위를 완료한 상태가 변하지 않고 그대로 유지되고 있음을 나타낸다. 행위의 결과가 지속되고 있음을 강조할 때 사용한다.

가: 이 영화가 인기가 정말 많은데 표가 없으면 어떡하지요?
나: 걱정 마세요. 그래서 제가 미리 예매해 놓았어요.

가: 요즘 자꾸 할 일을 잊어버려서 걱정이에요.
나: 중요한 일은 메모해 놓으세요.

- 저녁에 친구들이 와서 음식을 많이 만들어 놓았어요.
- 숙제를 미리 다 해 놓아서 마음이 편해요.

ㅏ, ㅗ	-아 놓다	찾아 놓다
ㅏ, ㅗ 이외	-어 놓다	열어 놓다
-하다	-해 놓다	준비해 놓다

tip **'-아/어 놓다' & '-아/어 두다'**

➡ **'-아/어 두다'는 부정적인 의미와 결합하지 않는다.**
- 이건 그 사람이 망쳐 놓은 일이에요.(O)
- 이건 그 사람이 망쳐 둔 일이에요.(X)

➡ '놓아 두다'는 사용하지만 '두어 놓다'는 사용하지 않는다.
- 자리에 서류를 놓아 뒀어요. (O)
- 자리에 서류를 둬 놓았어요. (X)

문장을 만드세요.

보기 날씨가 덥다 / 창문을 열다

➡ 날씨가 더우니까 창문을 열어 놓으세요.

1. 영화가 시작하다 / 핸드폰을 끄다

➡ ________________________________.

2. 명절에는 표가 없다 / 빨리 예매하다

➡ ________________________________.

대화를 만드세요.

보기 가: 주말에 어디에 가면 좋을까요?

나: 제가 인터넷에서 맛집을 찾아 놓았어요.

1. 가: 회의실 책상 위에 회의 자료와 다과를 ________________.

나: 윤서 씨, 고맙습니다.

2. 가: 한국에 가기 전에 또 준비할 게 있어요?

나: 한국의 기본적인 인사말을 ________________.

다음 밑줄 친 부분에 가장 알맞은 것을 고르세요.

보기 가: 내일 반 모임은 어디서 하기로 했어요?

나: 지난번 한 데서 하려고요. 제가 벌써 ________________.

① 예약해 놓았어요.　　② 다른 곳을 알아봤어요.

③ 지난번 장소가 좋다고 해요.　　④ 반 모임을 취소하기로 했어요.

대화

대화를 잘 들으세요.

이서준 여보세요.

링링 여보세요.

이서준 지금 어디예요? 공항에 도착했어요?

링링 네, 선생님. 방금 전에 출국 심사 마치고 공항 면세점 좀 둘러보고 있어요.

이서준 그래요. 즐거운 비행 되면 좋겠네요. 이따가 만나요.

링링 네, 선생님. 고맙습니다. 비행기에서 내리자마자 연락 드릴게요.

-도착 후-

링링 선생님, 정말 오랜만이에요. 잘 지내셨지요? 이렇게 마중 나와 주셔서 감사합니다.

이서준 네, 잘 지냈어요. 비행은 괜찮았어요?

링링 오늘 휴일이라서 그런지 조금 지연된 것 같아요.

이서준 참! 링링 씨, 배고프겠다. 우리 밥 먹으면서 이야기해요. 내가 맛있는 식당을 예약해 놓았어요.

질문에 대답하세요.

1. 링링 씨는 출국 심사 후에 무엇을 했습니까?

2. 링링 씨는 제시간에 도착했습니까?

여러분은 공항에서 비행기에 탑승하기 전에 시간이 있으면 보통 무엇을 합니까?

대화를 만드세요.

상황 1 비행기의 출발이 지연된 상황에서의 대화

상황 2 고향으로 돌아가는 친구를 공항에서 배웅하는 대화

활동

이야기해 보세요.

1. 여러분은 공항에 간 경험이 있습니까?

2. 왜 공항에 갔습니까? 공항에서 무엇을 했습니까?

3. 공항에서 출국을 하거나 입국을 하는 과정을 정리해 보세요.

4. 공항에서 일어날 수 있는 일에 대해 이야기를 해 보세요.

발음 Tip

모음의 발음 1 : /ㅓ/, /ㅗ/ 구분하기

/ㅓ/는 /ㅗ/보다 입을 조금 더 크게 벌려 발음합니다. 그리고 /ㅗ/를 발음할 때는 입술이 동그랗게 되고 입이 약간 앞으로 나오지만 /ㅓ/를 발음할 때는 입술이 동그랗게 되지 않고 입이 앞으로 나오지 않습니다.

손가락을 입에 세로로 가까이 대고 /ㅓ/와 /ㅗ/를 발음해 보면 차이를 알 수 있습니다.

확인 점검

공항에서의 사용하는 단어를 알고 이해할 수 있다.	□	□	□
공항에서 일어날 수 있는 일에 이야기할 수 있다.	□	□	□

2 온라인 강의

학습 목표	온라인 강의를 수강할 수 있다.
주제	온라인 강의
어휘와 표현	온라인 강의 관련 어휘와 표현
문법	-(으)ㄹ 만하다, -더라고요

온라인 강의를 들은 경험이 있습니까?

온라인 강의의 특징에 대해서 이야기해 봅시다.

어휘 · 표현

알아보세요.

온라인 강의

수강하다

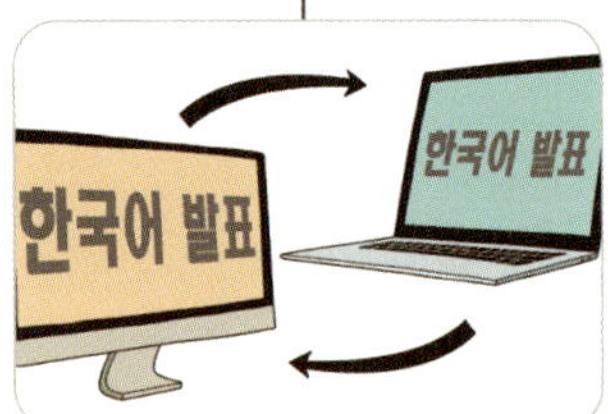

공유하다

접속하다

실시간

콘텐츠

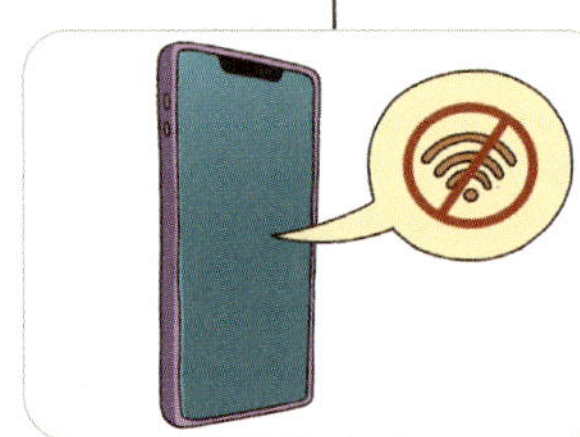

끊기다

비실시간

게시판

화면

연결하세요.

화면 •	• 인터넷을 통해 볼 수 있는 정보와 내용
콘텐츠 •	• 컴퓨터에서 영상이 나타나는 면
게시판 •	• 여러 사람이 볼 수 있게 내용을 쓰는 곳

빈칸에 알맞은 표현을 채우세요.

1. 온라인 강의를 듣기 위해 인터넷에 ________________.
2. 토요일 저녁 10시에 온라인 ________________ 회의가 있습니다.
3. ________________ 온라인 강의는 내가 원하는 시간에 수업을 들을 수 있습니다.
4. 온라인 수업에서 먼저 자료를 ________________ 발표를 시작했습니다.

빈칸에 알맞은 표현을 채워 대화를 완성하세요.

1. 가: 다카시 씨, 소리가 잘 안 들려요.

   나: 네, 이상하게 오늘 인터넷이 자꾸 ________________.

2. 가: 다음 학기에는 몇 과목을 들을 거예요?

   나: 저는 네 과목을 ________________.

문법 1

-(으)ㄹ 만하다

● 동사에 붙어 그 행위를 하는 것이 가치가 있음을 나타낼 때 사용한다. 최고로 좋다는 것은 아니지만 어느 정도 괜찮다고 생각할 때 사용할 수 있다.

가: 요즘 볼 만한 영화가 있어요?
나: 어제 친구와 같이 봤는데, 재미있어서 볼 만했어요.

가: 들을 만한 노래를 좀 추천해 주세요.
나: 이 가수의 노래는 다 들을 만해요.

- 우리 고향에는 먹을 만한 음식이 많아요.
- 일이 힘들었지만 할 만했어요.

받침 O	-을 만하다	먹을 만하다
받침 X	-ㄹ 만하다	갈 만하다
ㄹ 받침		만들 만하다

tip (형용사, 동사에 붙어) '그런 것이 이해가 된다', '그럴 이유가 있다', '상황이 그런 일이 일어나기에 충분한 정도가 되다'라는 의미로도 쓰인다.

가: 아침부터 저녁까지 쉬지 않고 일을 했어요. 너무 피곤해요.
나: 어제도 일이 많았지요? 정말 피곤할 만하네요.

가: 저 오늘 기분 최고예요. 제가 토픽 시험에서 5급을 받았어요.
나: 와! 기분 좋을 만하네요.

문장을 만드세요.

보기 서울 / 경복궁 / 관광지가 많다

➡ 서울에는 갈 만한 관광지가 많아요 ______.

1. 회사 근처 / 먹다 / 식당이 많다

➡ ______.

2. 그 가게 / 사다 / 물건이 많지 않다

➡ ______.

대화를 만드세요.

보기 가: 새로 시작한 일은 어때요? 힘들지 않아요?

나: 괜찮아요. 할 만해요 ______.

1. 가: 이번에 새로 나온 앨범은 어때요?

나: 네, 좋아요. ______.

2. 가: 왜 그래요? 무슨 안 좋은 일 있어요?

나: 열심히 준비했는데 시험에서 떨어졌어요. 너무 속상해요.

가: 그랬군요. ______. 힘내요.

다음 밑줄 친 부분에 가장 알맞은 것을 고르세요.

보기 가: 학교 앞에 맛있는 식당 알면 추천 좀 해 주세요.

나: 학교 근처에 있는 하나 식당이 ______.

맛있고 분위기도 좋아요.

① 먹을 만해요. ② 먹을까 해요.

③ 예약을 해야 해요. ④ 추천하는 게 어때요?

문법 2

-더라고요

● 동사 뒤에 붙어 어떤 행위를 완료한 상태가 변하지 않고 그대로 유지되고 있음을 나타낸다. 행위의 결과가 지속되고 있음을 강조할 때 사용한다.

가: 한국 여행이 어땠어요?
나: 한국 음식이 정말 맛있더라고요.

가: 윤서 씨 노래를 들어 봤어요?
나: 네, 윤서 씨가 노래를 정말 잘 부르더라고요.

- 직원들이 모두 일을 열심히 하더라고요.
- 경치가 정말 아름답더라고요.

받침 O	-더라고요	먹더라고요
받침 X		가더라고요

tip 주어가 2, 3인칭일 때 주로 사용한다. '-더라고요'는 말하는 이가 새롭게 알게 된 사실을 나타내기 때문에 1인칭 주어를 쓸 수 없다.
- 나는 김치를 잘 먹더라고요. (×)
- 유리 씨가 김치를 잘 먹더라고요. (○)

문장을 만드세요.

보기 제주도 / 바다 / 아름답다

➡ 제주도는 바다가 아름답더라고요.

1. 엄마 식당 / 비빔밥 / 맛있다

➡ ______________________.

2. 서울 / 물가 / 비싸다

➡ ______________________.

대화를 만드세요.

보기 가: 제주도는 어땠어요?

나: 바다가 정말 아름답더라고요.

1. 가: 휴가는 잘 다녀왔어요?

나: 네, 날씨가 정말 ______________________.

2. 가: 그 영화가 요즘 인기가 많아요?

나: 네, 사람들이 정말 ______________________.

다음 밑줄 친 부분에 가장 알맞은 것을 고르세요.

보기 가: 요즘 세일 기간이라 백화점에 사람이 정말 많겠네요.

나: 네, 어제 백화점에 갔었는데 사람이 ______________________.

① 많네요. ② 많기는요.

③ 많더라고요. ④ 많아도 돼요.

대화

대화를 잘 들으세요.

이서준 취직 준비하면서 한국어 공부하는 게 힘들지요?

링링 조금 힘들지만 그래도 한국어를 계속 배울 수 있어서 좋아요.

이서준 온라인 한국어 강의는 어때요? 공부는 할 만해요?

링링 네, 재미있어요. 제가 시간이 날 때 공부할 수 있어서 좋더라고요.

이서준 온라인으로 공부하는 데에 어려운 점은 없어요?

링링 처음에는 저만의 공부 계획을 세우는 게 조금 어려웠어요.
그런데 시간을 정해 놓고 하니까 점점 익숙해졌어요.

이서준 실시간으로 하는 강의도 있어요?

링링 네, 실시간 온라인 특강을 할 때가 있어요. 그때는 강의하시는
선생님, 그리고 학생들도 온라인으로 만날 수 있어요.

질문에 대답하세요.

1. 링링 씨는 한국어를 어떻게 공부하고 있습니까?

2. 링링 씨는 언제 같이 공부하는 친구들을 만날 수 있습니까?

여러분은 인터넷에서 주로 무엇을 합니까?

대화를 만드세요.

상황 1 온라인으로 다른 외국어를 공부하는 상황에서의 대화

상황 2 온라인으로 유튜브 촬영 방법을 배우는 상황에서의 대화

활동

이야기해 보세요.

1. 여러분은 온라인으로 강의를 들은 경험이 있습니까?

2. 어떤 강의를 들었습니까? 그 강의는 어땠습니까?

3. 온라인 강의의 장점과 단점에 대해 생각해 보세요.

4. 온라인 강의의 장점과 단점에 대해 이야기를 해 보세요.

발음 Tip

모음의 발음 2 : /ㅜ/, /ㅡ/ 구분하기

/ㅜ/를 발음할 때는 입술을 동그랗게 해서 발음해야 합니다. 그리고 그 상태에서 손가락을 입술 양 끝에 넣어 옆으로 당겨 입술이 동그랗지 않게 되면 /ㅡ/ 발음이 됩니다. 그리고 /ㅜ/를 발음할 때는 입이 약간 앞으로 나오지만 /ㅡ/를 발음할 때는 입이 앞으로 나오지 않습니다.

손가락을 입에 세로로 가까이 대고 /ㅜ/와 /ㅡ/를 발음해 보면 차이를 알 수 있습니다.

확인 점검

온라인 수업에 사용하는 단어를 알고 이해할 수 있다.	☐	☐	☐
온라인 수업의 특징에 대해 이야기할 수 있다.	☐	☐	☐

3 전화 문의

학습 목표	전화로 문의 및 응대를 할 수 있다.
주제	전화 문의
어휘와 표현	전화 관련 어휘와 표현
문법	간접화법 평서문, 명령문

사람들은 언제 전화로 문의를 합니까?

전화로 문의를 한 경험에 대해 이야기해 봅시다.

어휘 · 표현

알아보세요.

전화

죄송하지만 지금은 통화가 어렵습니다.

잠시 자리 비우셨는데요.

무슨 일이신가요?

기다리시게 해서 죄송합니다.

기다려 주셔서 감사합니다.

메모 남기시겠습니까?

메모 좀 남겨 주세요.

메모 전해 드리겠습니다.

다시 전화주시겠습니까?

제가 다시 전화 걸겠습니다.

다시 전화드리겠습니다.

빈칸에 알맞은 표현을 채워 대화를 완성하세요.

1. 가: 안녕하세요? 저는 링링이라고 합니다.

   혹시, 이 선생님 자리에 계세요?

   나: 아, 지금 잠시 ______________________________.

   메모 ______________________________.

   가: 네, 제가 전화했었다고 메모 ______________________________.

   나: 알겠습니다. 메모 ______________________________.

2. 가: 안녕하세요? 저는 다카시라고 합니다. 혹시, 김 선생님 자리에 계세요?

   나: 아, 지금 잠시 회의 들어가셨는데요.

   1시간 후에 다시 ______________________________.

   가: 네, 그럼 1시간 후에 다시 ______________________________.

   나: 네, 감사합니다.

3. 가: 안녕하세요? 얼마 전에 구입한 물건이 아직 오지 않아서 전화 드렸는데요.

   나: 잠시만요. 확인해 보겠습니다. ______________________________.

   3월 5일에 구매하신 것 맞으시지요?

문법 1

-다고 하다

● 동사, 형용사에 붙어 다른 사람에 들은 내용을 전달하여 말할 때 사용한다.

가: 링링 씨, 혜윤 씨도 모임에 오는지 알아요?
나: 아마 못 올 거예요. 다카시 씨한테 물어봤는데 바쁘다고 해요.

가: 버스가 몇 시에 출발해요?
나: 9시에 출발한다고 해요.

- 엘레나 씨가 한국어가 어렵다고 말했어요.
- 혜빈 씨가 주말마다 가족들을 위해서 요리를 한다고 해요.

동사	받침 O	-는다고 하다	먹는다고 하다
	받침 X	-ㄴ다고 하다	간다고 하다
	ㄹ 받침		산다고 하다(살다)
형용사	-다고 하다		좋다고 하다, 예쁘다고 하다

tip

다른 사람 말을 옮길 때 '저'는 '자기'로 바꾼다.
- 혜윤 씨가 "제 고향은 서울이에요."라고 했어요.
  → 혜윤 씨가 자기 고향은 서울이라고 했어요.

명사에는 '(이)라고 하다'가 붙는다.
- 저는 혜윤이라고 합니다.
- 저 사람은 유명한 가수라고 해요.

과거형과 결합할 때는 아래와 같이 사용한다.

과거	ㅏ, ㅗ	-았다고 하다	갔다고 하다, 좋았다고 하다
	ㅏ, ㅗ가 이외 모음	-었다고 하다	먹었다고 하다, 컸다고 하다
	-하다	-였다고 하다	공부했다고 하다
미래	받침 O	-을 거라고 하다	읽을 거라고 하다
	받침 X	-ㄹ 거라고 하다	올 거라고 하다

문장을 만드세요.

보기 혜윤: "오늘 늦어요."

➡ 혜윤 씨가 오늘 늦는다고 해요 ________.

1. 링링: 매일 일찍 일어나요.

   ➡ 링링 씨가 매일 일찍 ________.

2. 유미: 저기는 탈의실이에요.

   ➡ 유미 씨가 저기는 ________.

3. 혜윤: 교실에 아무도 없어요.

   ➡ 혜윤 씨가 교실에 아무도 ________.

4. 혜빈: 전, 자기 전에 음악을 들어요.

   ➡ 혜빈 씨는 자기 전에 음악을 ________.

5. 준야: 제 고향은 한국이 아니에요.

   ➡ 준야 씨가 자기 고향은 ________.

6. 혜윤: 혜빈 씨하고 같은 초등학교에 다녔어요.

   ➡ ________.

7. 혜빈: 선생님한테서 전화가 왔어요.

   ➡ ________.

8. 민수: 이따가 손님이 오실 거예요.

   ➡ ________.

9. 김 대리: 오늘은 제가 사겠습니다.

   ➡ ________.

10. 링링: 한국어를 배우고 있는데 아주 재미있어요.

    ➡ ________.

11. 선생님: 수업 시간에 전화를 받으면 안 돼요.

    ➡ ________.

12. 지미: 내일부터 아침마다 수영장에 다닐 거예요.

    ➡ ________.

문법 2

-(으)라고 하다

● 동사에 붙어 다른 사람의 명령을 전달하여 말할 때 사용한다.

가: 선생님이 뭐라고 하셨어요?
나: 다음 주 월요일까지 숙제를 내라고 하셨어요.

가: 과장님이 오후 5시까지 파일을 보내라고 하셨어요.
나: 네, 오후 5시까지면 빨리 해야겠네요.

- 대리님이 견적서를 빨리 전달하라고 하셨어요.
- 링링 씨가 친구들에게 문자를 보내라고 해요.

받침 O	-으라고 하다	먹으라고 하다
받침 X	-라고 하다	가라고 하다
ㄹ 받침		살라고 하다

tip **'-지 말라고 하다'**
- 숙제를 늦게 내지 말라고 했어요.
- 이 음식은 손님께 드릴 거니까 먹지 말라고 했어요.

➡ '-아/어 달라고 하다' VS '-아/어 주라고 하다'
- 링링: 저를 좀 도와주세요.
  → 링링 씨가 좀 도와달라고 해요.
- 링링: 혜윤 씨를 좀 도와주세요.
  → 링링 씨가 혜윤 씨를 좀 도와주라고 했어요.

문장을 만드세요.

보기 선생님: "내일까지 숙제를 내세요."

➡ 선생님이 내일까지 숙제를 내라고 하셨어요.

1. 링링: 매일 일찍 일어나세요.

   ➡ 링링 씨가 매일 일찍 ______________________.

2. 의사: 밥을 먹고 30분 후에 약을 드세요.

   ➡ ______________________.

3. 선생님: 수업 시간에 휴대폰을 쓰지 마세요.

   ➡ ______________________.

4. 미키: 한국어 문법을 가르쳐 주세요.

   ➡ ______________________.

5. 서준: 내일 일찍 오세요.

   ➡ ______________________.

6. 지미: 전화를 받지 않으면 메시지를 보내 놓으세요.

   ➡ ______________________.

7. 다카시: 옷을 사고 싶으면 동대문에 가 보세요.

   ➡ ______________________.

8. 혜윤: 밤 11시 이후에 전화하지 마세요.

   ➡ ______________________.

9. 엘레나: 밤에 늦게까지 게임을 하지 마세요.

   ➡ ______________________.

10. 링링: 한국어를 공부하기 좋은 책이 있으면 소개해 주세요.

   ➡ ______________________.

11. 다카시: 저한테 한국어 사전을 빌려 주세요.

   ➡ ______________________.

12. 지미: 이 책을 다카시 씨한테 전해 주세요.

   ➡ ______________________.

대화

대화를 잘 들으세요.

김윤서 여보세요. 한국언어문화센터입니다.

링링 안녕하세요? 저는 링링이라고 합니다.
혹시 이서준 선생님 자리에 계세요?

김윤서 죄송하지만, 잠시 자리 비우셨는데요. 메모 남겨 드릴까요?

링링 네, 이서준 선생님께서 2시에 오라고 하셨는데요.
지금 가고 있는데 차가 막혀서요. 10분 정도 늦는다고 전해 주시겠어요?

김윤서 네, 알겠습니다.

링링 감사합니다. 아, 그리고 문의할 것이 하나 있는데요.

김윤서 네, 말씀하세요.

링링 한국언어문화센터 사무실이 몇 층에 있나요?

김윤서 네, 건물 들어오셔서 6층으로 오시면 됩니다.

링링 감사합니다.

질문에 대답하세요.

1. 링링 씨는 왜 전화를 했습니까?
2. 한국언어문화센터 사무실은 어디에 있습니까?

여러분은 약속에 늦을 때 어떻게 합니까?

대화를 만드세요.

상황 1 회사에 방문하러 가는 길에 전화하는 상황에서의 대화

상황 2 구입한 물건의 배송 날짜를 문의하는 상황에서의 대화

써 보세요.

1. 안내문을 보고 다른 사람에게 정보를 전달하는 글을 써 보세요.

새 학기 도서 신청 안내

새 학기 준비를 위해 도서관에서는
학생 여러분들에게 필요한 도서를 구입하려고 합니다.

필요한 도서를 신청하기 바랍니다.

- 신청 기간 : 7월 1일(월) ~ 7월 26일(금)
- 신청 방법 : 도서관 홈페이지
- 1인 10권 이내 신청 가능(잡지, 만화책 제외)

※ 신청한 도서가 도착하면 이메일과 문자로 알려 드립니다.
※ 도서관 My page에서도 책 구입 상황을 확인할 수 있습니다.

발음 Tip

모음의 발음 3 : /ㅜ/, /ㅗ/ 구분하기

/ㅜ/와 /ㅗ/를 발음할 때는 입술을 동그랗게 해서 발음해야 합니다. /ㅗ/를 발음할 때는 /ㅜ/를 발음할 때보다 턱이 아래로 더 내려갑니다.

/ㅗ/를 발음할 때 손등을 턱에 대 보세요. 그리고 손등을 그대로 두고 /ㅜ/를 발음하면 턱이 손등에서 떨어지게 됩니다. 그리고 /ㅜ/를 발음할 때 입술 사이에 손가락을 가로로 대 보세요. 그리고 /ㅗ/를 발음하면 입술이 손가락을 무는 것처럼 됩니다.

확인 점검

전화 상황에서 사용하는 표현을 알고 이해할 수 있다.	☐	☐	☐
전화로 문의하고 응대할 수 있다.	☐	☐	☐

4 동창회

학습 목표	동창회를 계획할 수 있다.
주제	동창회
어휘와 표현	동창회 관련 어휘와 표현
문법	간접화법 의문문, 간접화법 청유문

❓ 동창회에서 사람들이 무엇을 합니까?

❓ 동창회에 참석한 경험에 대해 이야기해 봅시다.

어휘 · 표현

알아보세요.

동창회

동문

연락하다

오랜만이다

동창

참석하다

몰라보다

동기

예전 그대로

모이다

연결하세요.

동문 •	• 같은 때에 같이 학교를 다닌 사람
동창 •	• 같은 학교에서 공부한 사람
동기 •	• 같은 학교를 졸업한 사람

빈칸에 알맞은 표현을 채우세요.

1. 10월 마지막 주 토요일에 동창회가 있으니 모두 ________________.

2. 오랜만에 다 같이 ________________ 학교 다닐 때 이야기를 나누었다.

빈칸에 알맞은 표현을 채워 대화를 완성하세요.

1. 다카시: 와! 냔냔 씨, 이게 얼마 만이에요? ________________________________.

냔냔: 다카시 씨, 정말 반가워요.

다카시 씨는 하나도 안 변했네요. ________________________________.

2. 다카시: 냔냔 씨는 스타일이 많이 달라졌네요.

지나가다가 길에서 보면 ________________________________.

냔냔: 네, 운동을 해서 살을 좀 뺐어요.

3. 냔냔: 다카시 씨, 소식이 궁금했는데 ________________________________.

다카시: 아, 졸업하자마자 일본에 취직했어요.

4. 냔냔: 이렇게 다 같이 이야기하니까 ________________________________.

다카시: 맞아요. 학교 다닐 때 생각이 나네요.

문법 1

-(으)냐고/(느)냐고 하다

● 동사, 형용사 뒤에 붙어 다른 사람에게 들은 질문을 전달하여 말할 때 사용한다.

가: 링링 씨가 언제 시험을 보(느)냐고 했어요.
나: 링링 씨에게 시험이 다음 주 금요일이라고 말해 주세요.

가: 혜윤 씨가 어제 본 영화가 재미있었냐고 해요.
나: 네, 정말 재미있었다고 전해 주세요.

- 친구들이 다음 주 반 모임 때 무엇을 먹을 거냐고 했어요.
- 혜윤 씨가 어제 제 기분이 왜 안 좋았냐고 물었어요.

	과거	현재	미래(추측)
이다	학생이었냐고 하다 대리였냐고 하다	학생이냐고 하다 대리냐고 하다	-
형용사	아팠(느)냐고 하다 먹었(느)냐고 하다	아프냐고 하다 좋(으)냐고 하다	가겠(느)냐고 하다 먹을 거냐고 하다 갈 거냐고 하다
동사		가(느)냐고 하다 먹(느)냐고 하다	

tip '-(으/느)냐고 하다'는 '-냐고 하다'로도 자주 쓰인다.

문장을 만드세요.

보기 혜윤 : "이번 방학에 고향에 가요?"

➡ 혜윤 씨가 이번 방학에 고향에 가냐고 해요.

1. 링링: 올해 추석 연휴는 언제예요?

   ➡ 링링 씨가 올해 추석 연휴가 ______________________.

2. 혜빈: 어제 친구를 만났어요?

   ➡ 혜빈 씨가 어제 친구를 ______________________.

3. 윤서: 시험이 끝나면 무엇을 할 거예요?

   ➡ 윤서 씨가 시험이 끝나면 ______________________.

4. 민수: 어제 일 끝나고 어디에 갔어요?

   ➡ 민수 씨가 어제 일 끝나고 ______________________.

5. 다카시: 여름방학이 되면 친구들하고 여행을 갈 거예요?

   ➡ 다카시 씨가 여름방학에 친구들하고 ______________________.

6. 링링: 이 근처에 슈퍼마켓이 어디에 있어요?

   ➡ ______________________.

7. 프엉: 지하철로 사이버외대에 가려면 어디에서 갈아타야 해요?

   ➡ ______________________.

8. 투안: 여기가 학생식당이에요?

   ➡ ______________________.

9. 다카시: 어제 유리 씨가 전화했는데 유리 씨하고 통화했어요?

   ➡ ______________________.

10. 왕신: 제 친구가 많이 아픈 것 같은데 어떻게 해야 해요?

    ➡ ______________________.

11. 지미: 핸드폰 번호가 몇 번이에요?

    ➡ ______________________.

12. 민수: 언제 결혼할 거예요?

    ➡ ______________________.

문법 2

-자고 하다

● 동사 뒤에 붙어 다른 사람에게 들은 권유나 제안을 전달하여 말할 때 사용한다.

가: 혜윤 씨가 오늘 저녁에 같이 보자고 해요.
나: 그래요. 좋아요. 같이 만나요.

가: 링링 씨가 오늘 같이 점심 먹자고 하는데요.
나: 어떡하지요? 저는 오늘 점심에 다른 약속이 있어요.

- 혜빈 씨가 주말에 같이 공부하자고 했어요.
- 친구들한테 고향에 돌아가서도 계속 연락하자고 했어요.

받침 O	-자고 하다	먹자고 하다
받침 X		가자고 하다

tip **권유나 제안이 부정문인 경우, '-지 말자고 하다'를 사용한다.**
➡ 링링 씨가 시험이 끝났으니까 공부하지 말자고 했어요.

문장을 만드세요.

보기 선생님 : "함께 문제를 풀어 봅시다."

➡ 선생님이 함께 문제를 풀어 보자고 하셨어요.

1. 링링: 우리 한국어 수업 시간에는 한국어만 써요.

   ➡ 링링 씨가 한국어 수업 시간에 ______________________.

2. 혜윤: 저녁에 같이 치킨을 먹을까요?

   ➡ 혜윤 씨가 저녁에 ______________________.

3. 혜빈: 이번 학기에는 더욱 열심히 공부합시다.

   ➡ 혜빈 씨가 이번 학기에 더욱 ______________________.

4. 미키: 밥을 먹으러 식당에 가는데 같이 갑시다.

   ➡ 미키 씨가 밥을 먹으러 식당에 가는데 ______________________.

5. 다카시: 저녁에 시간이 있으면 술 한 잔 합시다.

   ➡ 다카시 씨가 저녁에 시간이 있으면 ______________________.

6. 링링: 우리 앞으로 싸우지 말아요.

   ➡ ______________________.

7. 흐엉: 주말에 반 친구들하고 같이 한강에 놀러 갈까요?

   ➡ ______________________.

8. 왕신: 저한테 콘서트 표가 2장 있는데 같이 갈래요?

   ➡ ______________________.

9. 윤서: 수업 시간에 자기 나라 말을 하지 맙시다.

   ➡ ______________________.

10. 민수: 저녁에 같이 게임을 할까요?

    ➡ ______________________.

11. 투안: 우리 결혼해요.

    ➡ ______________________.

12. 지미: 주말에 같이 특강을 들으러 가는 게 어때요?

    ➡ ______________________.

대화

대화를 잘 들으세요.

다카시 여보세요? 링링 씨, 정말 오랜만이에요.

링링 다카시 씨, 안녕하세요? 잘 지내죠?

다카시 네, 그런데 무슨 일이에요?

링링 아, 얼마 전에 이서준 선생님을 뵈었는데 친구들 모두 잘 지내냐고 하셔서요. 궁금해서 전화해 봤어요.

다카시 정말요? 아, 언제 한번 다 같이 만나면 좋겠네요. 제가 다음 달에 한국에 가는데 그때 동창회를 하면 어때요?

링링 좋은 생각이네요. 다음 달에 냔냔 씨도 한국에 온다고 했어요. 제가 냔냔 씨에게 같이 만나자고 이야기할게요.

다카시 저도 시간이 되는 친구들에게 연락해 볼게요.

링링 그럼, 저는 이서준 선생님께 말씀드릴게요. 또 연락해요.

질문에 대답하세요.

1. 링링 씨는 다카시 씨에게 왜 전화를 했습니까?

2. 다음 달에 누가 한국에 옵니까?

여러분은 오랜만에 친구들을 만나면 무엇을 하고 싶습니까?

대화를 만드세요.

상황 1 동창회 장소를 정하기 위해 전화하는 상황에서의 대화

상황 2 친한 친구들끼리 여름 휴가를 계획하는 상황에서의 대화

이야기해 보세요.

1. 이메일을 보고 이메일의 내용을 다른 사람에게 전달해 주세요.

to: 흐엉 씨에게

흐엉 씨 안녕하세요?
다카시예요. 그동안 잘 지냈어요?

다음 달에 제가 한국에 가요.
그때 친구들하고 만나기로 했는데 흐엉 씨도 올 수 있어요?
오랜만에 친구들과 같이 즐거운 시간을 보내는 게 어때요?
같이 식사하고 커피도 마시면서 이야기하면 좋을 것 같아요.
그럼 연락 주세요.

다카시

발음 Tip

'가져', '다쳐', '쪄'의 발음

동사와 형용사에 활용형에 나타나는 '져, 쪄, 쳐'는 [저], [쩌], [처]로 발음합니다.

'가지어' → '가져'[가저]

'다치어' → '다쳐'[다처]

'살이 찌어' → '살이 쪄'[쩌]

확인 점검

동창회에 대해 이야기할 수 있다.	☐	☐	☐
친구들과 연락해 동창회를 계획할 수 있다.	☐	☐	☐

5 시험 준비

학습 목표	시험을 준비할 수 있다.
주제	시험 준비
어휘와 표현	시험 관련 어휘와 표현
문법	-느라고, -다니요?

❓ 시험을 준비할 때 사람들이 무엇을 합니까?

❓ 한국어 시험을 본 경험에 대해서 이야기해 봅시다.

어휘 · 표현

알아보세요.

시험 준비

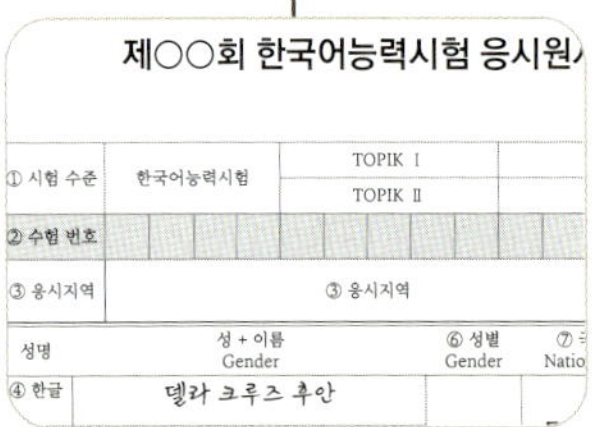

원서

한국어능력시험

합격하다

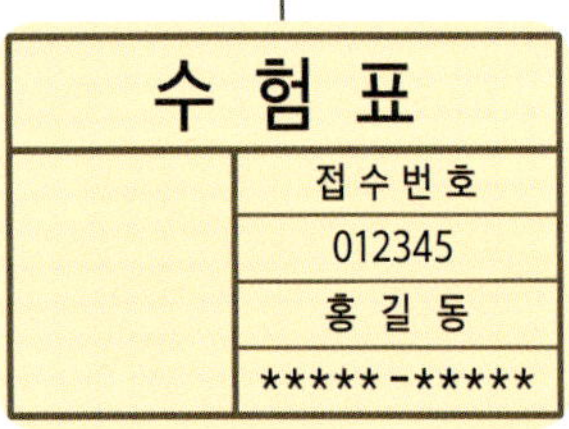

수험표

접수하다

불합격하다

신분증

응시하다

총점 Total Score	등급 Level
231/300	6등급

N급을 받다

벼락치기를 하다

미역국을 먹다

연결하세요.

원서 •	• 시험을 치르는 사람임을 증명하는 표
수험표 •	• 개인의 정보를 증명하는 문서
신분증 •	• 시험에 지원하는 내용을 적은 서류

빈칸에 알맞은 표현을 채우세요.

1. 한국어능력시험을 보기 위해서 두 달 전에 ____________________.

2. 입사시험에 3번이나 ____________________ 아쉽게 떨어졌습니다.

3. 저는 한국어능력시험 5급 자격이 있어서 다음에는 꼭 ____________________.

4. 오랫동안 준비한 취직 시험에 드디어 ____________________ 기분이 정말 좋습니다.

빈칸에 알맞은 표현을 채워 대화를 완성하세요.

1. 가: 내일이 시험인데 공부를 하나도 못했어요.

나: 오늘 밤에 ____________________(으)로 해야겠네요.

2. 가: 다음 달에 한국어능력시험을 보는데 준비를 많이 못해서 걱정이에요.

나: 다카시 씨는 실력이 있으니까 괜찮을 거예요.

힘내요. 제가 ____________________.

문법 1

-느라고

● 동사에 붙어 앞의 어떤 행위가 뒤의 행위를 하지 못했거나 혹은 뒤에 발생한 부정적인 결과에 대한 원인이나 이유를 나타내는 데에 사용한다.

가: 요즘 많이 피곤해 보여요.
나: 네, 회사 일이 많아서 일하느라고 제대로 쉬지도 못해요.

가: 오늘 왜 늦게 왔어요?
나: 잠깐 어디 좀 들렀다 오느라 늦었어요.

- 시험 준비를 하느라 바빠요/힘들어요/피곤해요.
- 먼 길 오시느라 고생 많으셨습니다.

받침 O	-느라고	먹느라고
받침 X		가느라고

tip 앞과 뒤의 주어가 같아야 한다.
- 민수가 노래하느라고 (민수가) 공부를 못 했어요. (o)
- 민수가 노래하느라고 수지가 공부를 못 했어요. (x)

문장을 만드세요.

보기 취직 준비를 하다 / 시험 공부를 많이 하다

➡ 취직 준비를 하느라고 시험 공부를 많이 못했어요.

1. 샤워를 하다 / 전화를 받다

➡ ______________________________.

2. 휴대폰을 가지러 갔다 왔다 / 늦었다

➡ ______________________________.

대화를 만드세요.

보기 가: 오늘 왜 이렇게 늦게 왔어요?

나: 오는 길에 어디 좀 들렀다 오느라고 늦었어요.

1. 가: 요즘 왜 이렇게 바빠요?

나: 시험 ______________ 정신이 없어요.

2. 가: 많이 바쁜 것 같아요. 점심은 먹었어요?

나: 일이 너무 많아서 ______________ 점심도 못 먹고 일했어요.

다음 밑줄 친 부분에 가장 알맞은 것을 고르세요.

보기 가: 아까부터 계속 전화했는데 왜 이렇게 전화를 안 받아?

나: 그랬어? 미안, ______________ 전화 온 것을 몰랐어.

① 텔레비전을 본다면　② 텔레비전을 보도록

③ 텔레비전을 보느라고　④ 텔레비전을 보는 데다가

문법 2

-다니요?

● 동사, 형용사에 붙어 다른 사람에게서 들은 내용에 대해 다시 물어 볼 때 사용한다.

가: 저 내일 고향으로 돌아가요.
나: 네? 내일 고향으로 돌아간다니요? 왜 그 이야기를 지금 해요?

가: 이제 커피는 그만 마시세요.
나: 커피를 마시지 말라니요? 제가 커피를 얼마나 좋아하는데요.

- 네? 우리 애가 다쳤다니요? 어떻게 된 일이에요?
- 이따가 술을 마시자니요? 내일 시험이 있잖아요.

평서문	-다니요?	먹는다니요?, 간다니요? 좋다니요?, 예쁘다니요?, 의사라니요?
명령문	-라니요?	먹으라니요?, 가라니요?, 하지 말라니요?
의문문	-냐니요?	먹냐니요?, 가냐니요?, 좋냐니요?, 예쁘냐니요?, 의사냐니요?
청유문	-자니요?	먹냐니요?, 가자니요?, 하지 말자니요?

대화를 만드세요.

보기 가: 저 내일 고향으로 돌아가요.

나: 네? 고향으로 돌아간다니요? ____________ 왜 이제 이야기해요?

1. 가: 제 친구는 하루에 4시간만 자요.

   나: 네? 하루에 ____________ 말도 안 돼요.

2. 가: 공부 좀 그만하세요!

   나: 네? 공부를 ____________ 공부가 얼마나 재미있는데요.

3. 가: 어제 클럽에 갔지요?

   나: 네? 클럽에 ____________ 저, 어제 집에서 공부했는데요.

4. 가: 오늘 저녁에 술 한잔 할까요?

   나: 네? 저녁에 ____________ 내일 발표 준비하느라 지금 얼마나 바쁜데요.

5. 가: 갑자기 머리가 어지럽고 배도 아파요.

   나: 갑자기 ____________ 빨리 병원에 가 보세요.

6. 가: 저, 여기서 사진 좀 찍어 주세요.

   나: ____________ 여기는 박물관이에요.

7. 가: 기말 시험은 잘 봤어요?

   나: ____________ 모르는 문제가 많았어요.

8. 가: 사실, 제 진짜 직업은 가수예요.

   나: 네? ________________________.

9. 가: 이제 공부 그만하고 집에 가는 게 어때요?

   나: 네? ________________________.

10. 가: 이번 여름에 휴가는 해외로 갑시다.

    나: ________________________.

대화를 잘 들으세요.

정민수	링링 씨, 무슨 영상을 그렇게 열심히 보고 있어요?
링링	아, 온라인으로 한국어 강의를 듣고 있어요. 제가 수강하는 과목 중에 한국어능력시험 준비를 할 수 있는 강의가 있어서요.
정민수	그렇군요. 그런데 링링 씨, 그동안 시험 준비를 많이 하지 않았어요?
링링	아니요. 그동안 취직 준비하느라 바빠서 시험공부를 많이 못 했어요. 이제 시험이 얼마 안 남아서 걱정돼요.
정민수	링링 씨 정도 실력이면 공부 안 하고 봐도 합격할 것 같은데요.
링링	그냥 합격한다니요? 공부해야 하는 게 얼마나 많은데요.
정민수	링링 씨는 항상 열심히 하니까 분명 잘 볼 거예요. 너무 걱정하지 마세요. 제가 응원할게요. 같이 힘내요.
링링	고마워요. 민수 씨 덕분에 잘 볼 수 있을 것 같아요.

질문에 대답하세요.

1. 링링 씨는 무엇을 준비하고 있습니까?

2. 민수 씨는 링링 씨를 위해 무엇을 합니까?

시험 준비를 하는 친구에 무엇을 선물하면 좋습니까?

대화를 만드세요.

상황 1 한국어 말하기 시험을 준비하는 상황에서의 대화

상황 2 취직 시험을 준비하는 상황에서의 대화

이야기해 보세요.

1. 여러분은 한국어 시험을 본 경험이 있습니까?

2. 어떤 시험을 보았습니까? 어떻게 시험 준비를 했습니까?

3. 시험을 잘 볼 수 있는 방법을 생각해 보세요.

4. 친구들에게 시험을 잘 볼 수 있는 방법을 소개해 주세요.

발음 Tip

이중모음 /ㅖ/의 발음

이중모음 /ㅖ/를 발음할 때 '예'와 '례' 이외에 다른 자음과 함께 쓰이는 /ㅖ/는 단모음 [ㅔ]로 발음할 수 있습니다.

계산[계산/게산]	계시다[계시다/게시다]
시계[시계/시게]	연계[연계/연게]
혜택[혜택/헤택]	지혜[지혜/지헤]

확인 점검

- 시험 준비에 사용하는 단어를 알고 이해할 수 있다. ☐ ☐ ☐
- 시험 준비를 할 수 있다. ☐ ☐ ☐

6 취업 상담

학습 목표	취업 상담을 할 수 있다.
주제	취업 상담
어휘와 표현	취업 관련 어휘와 표현
문법	-(으)ㄹ 리가 없다, -잖아요

취업을 준비할 때 사람들이 무엇을 합니까?

면접을 본 경험에 대해서 이야기해 봅시다.

어휘 · 표현

알아보세요.

취업

면접

이력서

자기소개서

자격증

학력

경력

어학 능력

지원하다

적성에 맞다

전공을 살리다

꿈꾸다

자신 있다

연결하세요.

이력서 •	• 지원자의 이력을 적은 문서
자기소개서 •	• 어떤 자격을 인정하여 주는 증서
자격증 •	• 지원자의 경력, 성격, 계획을 적어서 제출하는 글

빈칸에 알맞은 표현을 채우세요.

1. 우리 회사에 ________________ 계기는 무엇입니까?
2. 오랫동안 ________________ 온 일을 하게 되어 정말 기쁩니다.
3. 면접관 앞에서 ________________ 모습을 보여 주는 것이 중요합니다.
4. 이력서에는 학력과 ________________을/를 자세히 쓰고 어학 능력도 쓰는 것이 좋습니다.

빈칸에 알맞은 표현을 채워 대화를 완성하세요.

1. 가: 우리 회사에 지원한 동기가 무엇인가요?

   나: 이 회사에서 ______________________ 일할 수 있다고 생각했기 때문입니다.
2. 가: 영업 일이 쉽지 않은데 잘할 수 있나요?

   나: 영업 일은 제 ______________________ 생각합니다. 열심히 하겠습니다.

문법 1

-(으)ㄹ 리가 없다

● 동사나 형용사에 붙어 어떠한 사실에 대해 확신을 가지고 그럴 이유나 가능성이 없음을 나타낼 때 사용한다.

가: 다카시 씨 아직 출근 안 했어요?
나: 다카시 씨가 지각할 리가 없는데요. 이상하네요.

가: 링링 씨가 저녁 안 먹는다고 하는데요.
나: 네? 링링 씨가 저녁을 안 먹을 리가 없어요. 분명 먹을 거예요.

- 말도 안 돼요. 그럴 리가 없어요.
- 두 사람이 헤어졌을 리가 없어요.

받침 O	-을 리가 없다	먹을 리가
받침 X	-ㄹ 리가 없다	갈 리가
ㄹ 받침		만들 리가
이다	일 리가 없다	가수일 리가
아니다	이/가 아닐 리가 없다	그 사람이 아닐 리가

tip **'-(으)ㄹ 리가 있어요?'의 형태로 쓰여 '-(으)ㄹ 리가 없다'와 같은 의미로 사용할 수 있다.**

- 날이 이렇게 좋은데 비가 올 리가 있어요?
- 날이 이렇게 좋은데 비가 올 리가 없어요.

문장을 만드세요.

보기 배가 고프다 / 저녁을 안 먹는다

➡ 배가 고픈데 저녁을 안 먹을 리가 없어요.

1. 아무한테도 말 안 했다 / 그 사람이 알다

➡ ______________________.

2. 민수 씨가 술을 마셨다 / 운전을 하다

➡ ______________________.

대화를 만드세요.

보기 가: 다카시 씨가 아직 출근을 안 한 것 같아요.

나: 네? 다카시 씨가 출근을 안 했을 리가 없어요.

1. 가: 두 사람이 헤어졌다고 해요.

나: 네? 그렇게 사랑하는데 ______________________.

2. 가: 학교 앞 '맛나 치킨'이 문을 닫는다고 해요.

나: 네? 그렇게 장사가 잘 되는데 ______________________.

다음 밑줄 친 부분에 가장 알맞은 것을 고르세요.

보기 가: 이야기 들었어요? 윤서 선생님이 결혼을 한다고 해요.

나: 네? 무슨 소리예요? 아직 남자 친구도 없는데 ______________.

① 그럴 리가 없어요. ② 그럴 지도 몰라요.

③ 그럴 수도 있어요. ④ 그럴 수밖에 없어요.

문법 2

-잖아요

● 동사, 형용사에 붙어 말하는 사람이 듣는 사람에게 어떤 상황을 확인시키거나 그 상황을 고쳐 주려는 듯한 의도를 가질 때 사용한다. 주로 구어에서 쓰인다.

가: 케이크를 샀네요. 오늘 무슨 날이에요?
나: 오늘이 혜윤 씨 생일이잖아요.

가: 링링 씨, 한국어를 정말 잘하네요. 한국 사람 같아요.
나: 제가 한국어를 3년 동안 공부했잖아요.

- 건강이 제일 중요하잖아요.
- 내일 6시에 만나기로 했잖아요.

받침 O	-잖아요	먹잖아요
받침 X		예쁘잖아요

tip

'-잖아요'는 '-잖습니다'로 나타나지 않는다.
- 내일 만나기로 했잖아요. (o)
- 내일 만나기로 했잖습니다. (x)

미래·추측 '-겠-'은 '-잖아'와 결합하지 않는다.
- 내일 시험이 있겠잖아. (x)
- 다음 주에 휴가를 가겠잖아요. (x)

문장을 만드세요.

보기 한국어 공부 / 3년 동안 하다

➡ 한국어 공부를 3년 동안 했잖아요.

1. 한국어 / 우리 학교 / 제일 잘 가르치다

➡ ______________________________.

2. 요즘 / 한국 드라마 / 인기가 많다

➡ ______________________________.

대화를 만드세요.

보기 가: 오늘 무슨 날이에요?

나: 어제 말했는데요. 오늘이 혜윤 씨 생일이잖아요.

1. 가: 사람들이 왜 그 가수를 좋아해요?

나: 그 가수가 ______________________________.

2. 가: 지금 도서관에 가도 자리가 없을 것 같아요.

나: 맞아요. ______________________________.

다음 밑줄 친 부분에 가장 알맞은 것을 고르세요.

보기 가: 아! 오늘만 일하면 내일부터는 신나는 주말이네요.

나: 대리님도 참! 오늘은 ______________________________.

① 목요일이잖아요. ② 주말이면 좋겠어요.

③ 주말일 리가 없어요. ④ 토요일이 아니잖아요.

대화를 잘 들으세요.

정민수 드디어 내일이 면접 날이네요.

링링 저 너무 긴장돼요. 면접에서 실수하면 어떡하지요?

정민수 열심히 준비했는데 그럴 리가 있겠어요?

링링 너무 떨려서 말을 잘 못할 것 같아서 걱정이에요.

정민수 링링 씨, 항상 말은 이렇게 해도 실전에는 강하잖아요.

링링 아니에요. 참! 민수 씨는 저보다 면접 경험이 많잖아요. 혹시, 면접장에서 조심해야 할 것이 있을까요?

정민수 면접에서는 무엇보다 자신 있는 모습을 보여 주는 것이 중요해요.

링링 그러려면 어떻게 해야 할까요?

정민수 면접관의 눈을 보면서 자신 있는 목소리로 대답하면 좋을 것 같아요. 링링 씨처럼 실력 있는 사람을 안 뽑을 리가 없잖아요. 너무 걱정하지 마세요.

링링 네, 민수 씨 말을 들으니까 좀 힘이 나네요. 고마워요.

질문에 대답하세요.

1. 링링 씨는 무엇을 걱정하고 있습니까?

2. 민수 씨는 링링 씨에게 어떤 조언을 했습니까?

면접을 잘 보기 위한 방법은 무엇입니까?

대화를 만드세요.

상황 1 대학원 면접을 준비하는 상황에서의 대화

상황 2 들어가고 싶은 동아리 면접을 준비하는 상황에서의 대화

읽어 보세요.

합격하는 이력서 쓰기!

이력서는 지원하는 회사가 지원자가 어떤 사람인지 잘 알 수 있게 써야 합니다. 이력서를 쓸 때는 지원자의 능력이 잘 나타나게 작성해야 합니다. 그리고 문법이나 맞춤법을 잘 지켜서 써야 합니다.

이력서에는 지원자의 기본 정보, 학력, 경력, 자격증, 어학 능력 등을 씁니다. 기본 정보에는 이름, 성별, 생년월일, 주소, 연락처 등을 쓰고 학력에 지원자가 다닌 학교를 씁니다. 학력을 쓸 때는 최근에 다닌 학교부터 쓰는 것이 좋습니다.

경력에는 실제로 근무한 경험에 대해 씁니다. 지원한 회사에서 하는 일과 관련이 없는 경력은 쓰지 않는 것이 좋습니다. 그리고 지원자가 가지고 있는 자격증이나 여러 외국어 능력에 대해 씁니다.

1. 이력서에는 어떠한 내용들을 씁니까?

2. 이력서에 쓰는 기본 정보에는 무엇이 있습니까?

3. 학력을 쓸 때 주의해야 할 점은 무엇입니까?

4. 경력을 쓸 때 주의해야 할 점은 무엇입니까?

● 여러분이 생각하는 좋은 이력서에 대해 이야기해 보세요.

발음 Tip

모음 /ㅢ/의 발음

'의사', '의자'처럼 단어 처음에 '의'는 [ㅢ]로 발음해야 합니다. 하지만 자음을 첫소리로 가지고 있는 /ㅢ/는 [ㅣ]로 발음합니다.

희망**[히망]** 무늬**[무니]** 띄어쓰기**[띠어쓰기]**

단어 처음에 나오지 않는 '의'는 [ㅣ]로도 발음할 수 있습니다.

주의**[주의/주이]** 강의**[강의/강이]** 논의**[논의/논의]**

조사 '의'는 [에]로도 발음할 수 있습니다.

나의 동생**[나에 동생]** 우리의 서울**[우리에 서울]**

확인 점검

- 취업 준비에 사용하는 단어를 알고 이해할 수 있다. ☐ ☐ ☐
- 취업 준비를 할 수 있다. ☐ ☐ ☐

7 회사 업무

학습 목표	직장에서 맡은 업무를 할 수 있다.
주제	업무
어휘와 표현	업무 관련 어휘와 표현
문법	-기는요, -(으)려면 멀었다

직장에서 업무를 할 때 무엇이 중요합니까?

직장에서 일해 본 경험에 대해서 이야기해 봅시다.

어휘 · 표현

알아보세요.

업무

부서

출장

협약

담당자

외근

거래처

근무하다

보고하다

체결하다

회의하다

휴가를 내다

협력하다

연결하세요.

부서 •	• 회사 일로 다른 곳에 가는 것
출장 •	• 단체와 단체가 서로 협력에 관한 것을 정하는 것
협약 •	• 회사에서 일에 따라 나뉘어 있는 부문

빈칸에 알맞은 표현을 채우세요.

1. 직장에서는 맡은 ________________에 최선을 다해야 합니다.
2. 다카시 씨는 무역회사에서 ________________.
3. 오늘 오후에 회의가 있어서 ________________에 방문해야 합니다.
4. 잠시간 기다리세요. ________________을/를 연결해 드리겠습니다.

빈칸에 알맞은 표현을 채워 대화를 완성하세요.

1. 가: 이렇게 먼 길 와 주셔서 감사합니다. 두 회사가 ________________ 되어 기쁘게 생각합니다.

   나: 감사합니다. 이번에 귀사와 업무 ________________을/를 맺게 되어 저도 기쁩니다.

2. 가: 계약을 성공적으로 ________________ 다행입니다.

   나: 네, 사장님께 ________________ 매우 좋아하실 것입니다.

문법 1

-기는요

● 동사나 형용사에 붙어 상대방이 한 말에 대해 동의하지 않거나, 상대방의 칭찬에 대해 겸손하게 대답할 때 사용한다.

가: 한국어를 정말 잘하네요.
나: 잘하기는요. 아직 모르는 것이 많아요.

가: 우리 반 민수 씨 정말 멋있는 것 같아요.
나: 멋있기는요. 제가 보기에는 하나도 안 멋있는데요.

- 공부가 힘들기는요. 얼마나 재미있는데요.
- 예쁘기는요. 부끄럽게 왜 그러세요.

받침 O	-기는요	먹기는요
받침 X		가기는요

대화를 만드세요.

보기 가: 다카시 씨는 아주 부지런한 것 같아요.

나: 부지런하기는요________. 저도 미룰 때가 많아요.

1. 가: 우와! 오늘 진짜 멋있네요. 모델 같아요.

나: ____________________. 그냥 아무거나 입었는데요.

2. 가: 선생님 덕분에 시험에서 좋은 성적을 받을 수 있었습니다. 정말 감사합니다.

나: ____________________. 다카시 씨가 열심히 해서 받은 거지요.

3. 가: 우와! 요리 실력이 정말 좋으시네요.

나: ____________________. 그냥 요리책을 보고 따라했어요.

4. 가: 일하면서 공부하는 게 힘들죠?

나: ____________________. 공부하는 게 얼마나 재미있는데요.

다음 밑줄 친 부분에 가장 알맞은 것을 고르세요.

보기 가: 노래를 정말 잘 부르네요.

나: ____________________. 저보다 잘 부르는 사람이 얼마나 많은데요.

① 잘 부르니까요. ② 잘 부르는군요.

③ 잘 부르기는요. ④ 잘 부를 만해요.

문법 2

-(으)려면 멀었다

● 동사, 형용사에 붙어 목표로 하는 곳에 이르기까지 거리나 시간이 많이 걸림을 나타내거나 능력이 필요함을 나타낼 때 사용한다.

가: 도착하려면 얼마나 남았어요?
나: 도착하려면 아직 멀었으니까 한숨 주무세요.

가: 한국어를 정말 잘하시네요.
나: 잘하려면 아직 멀었어요. 더 많이 공부해야 해요.

- 방학이 되려면 아직 멀었어요.
- 제 꿈을 이루려면 아직 먼 것 같아요.

받침 O	-(으)려면	먹으려면
받침 X	-려면	가려면
ㄹ 받침		살려면

tip **미래의 일을 나타내는 것이지만 '멀 거예요'로 쓰지 않도록 주의한다.**
- 꿈을 이루려면 멀었어요. (O)
- 꿈을 이루려면 먼 것 같아요.(O)
- 꿈을 이루려면 멀 거예요.(X)

문장을 만드세요.

보기 출발한 지 10분이 지났다.

➡ 출발한 지 10분밖에 안 지났으니까 도착하려면 멀었어요.

1. 수업을 시작한 지 5분밖에 안 됐다.

➡ ______________________________.

2. 명절이라서 차가 많이 막힌다.

➡ ______________________________.

대화를 만드세요.

보기 가: 도착하려면 얼마나 남았어요?

나: 도착하려면 아직 멀었어요. 한숨 자요.

1. 가: 학교는 잘 다니고 있어요? 졸업은 언제 해요?

나: 네, 잘 다니고 있어요.

이제 1학년이니까 ______________________________.

2. 가: 토픽 6급을 받았으니까 이제 한국어 공부 그만해도 되겠네요.

나: ______________________________. 계속 열심해 해야 해요.

다음 중 잘못된 문장을 고르세요.

① 제 꿈을 이루려면 아직 멀었어요.

② 한국어를 더 잘하려면 멀 거예요.

③ 이 분야에서 성공하려면 먼 것 같아요.

④ 목적지에 도착하려면 아직 많이 남았어요.

대화

대화를 잘 들으세요.

정민수 다카시 씨, 한국 회사에서 일한다고 했지요?

다카시 네, 한국하고 무역을 주로 하는 회사예요.

정민수 한국어 전공을 살려서 일을 할 수 있어서 좋겠어요.

다카시 좋긴 하지만 회의 때마다 한국어를 써야 하는 게 어려워요.

정민수 그래요? 다카시 씨 한국어 잘하잖아요.

다카시 잘하기는요. 잘하려면 아직 멀었어요. 업무 상황에서 쓰는 한국어는 또 다르더라고요.

정민수 아무래도 무역과 관련해서 알아야 하는 말들이 있겠네요.

다카시 그렇죠. 전문적으로 쓰는 단어와 표현들이 많아서 공부를 계속 해야 해요.

정민수 이번에는 출장으로 온 거예요?

다카시 네, 출장으로 왔는데 휴가도 조금 더 냈어요. 예전에 같이 공부한 친구들이 한번 보자고 해서요.

질문에 대답하세요.

1. 다카시 씨는 무슨 회사에서 일을 합니까?
2. 다카시 씨가 이번 출장에서 휴가를 낸 이유는 무엇입니까?

여러분은 어떤 직장에서 일하고 싶습니까?

대화를 만드세요.

상황 1 거래처 사람을 만나는 것에 대한 대화

상황 2 여행사에서 예약을 받는 업무를 하는 것에 대한 대화

읽어 보세요.

시간을 아껴 주는 업무 Tip!

1. 가장 중요한 일부터 한다.

중요한 일은 시간이 많이 필요합니다. 그래서 중요한 일을 먼저 하면 시간을 잘 쓸 수 있습니다.

2. 일단 1장으로 개요를 작성한다.

시작이 반이라는 말처럼 일단 개요를 작성해 보세요. 전체 일을 진행하는 계획을 세울 수 있습니다.

3. 컴퓨터 업무를 할 때 단축키를 사용한다.

문서를 작성할 때 필요한 단축키를 사용해 보세요. 마우스를 사용하는 것보다 시간을 아낄 수 있습니다.

4. 직장의 일을 집에 가지고 가지 않는다.

일은 집중력이 중요합니다. 집에 가서 마무리하면 된다는 생각을 버려야 직장에서 집중해서 일할 수 있습니다.

5. 스트레스가 쌓이지 않게 한다.

일하는 중에 잠깐의 휴식을 통해 스트레스를 풀어 주세요. 더 좋은 컨디션을 유지해 줘서 일을 잘할 수 있게 해 줍니다.

1. 일의 개요를 작성하는 것이 왜 필요합니까?

2. 단축키의 좋은 점은 무엇입니까?

3. 일을 집에 가지고 가면 안 되는 이유가 무엇입니까?

4. 스트레스 관리는 어떻게 하는 것이 좋습니까?

● 직장 업무를 잘하기 위해 필요한 것에 대해 이야기해 보세요.

발음 Tip

ㅂ, ㅃ, ㅍ 발음 구분하기

한국어는 'ㄱ, ㄲ, ㅋ', 'ㄷ, ㄸ, ㅌ', 'ㅂ, ㅃ, ㅍ', 'ㅈ, ㅉ, ㅊ' 이렇게 자음이 3개의 소리로 구분이 됩니다. 글자의 모양도 다르지만 발음을 할 때 내는 공기의 양도 다릅니다. 공기의 양으로 보면 'ㅋ, ㅌ, ㅍ, ㅊ'가 가장 많고 'ㄱ, ㄷ, ㅂ, ㅈ'는 중간 정도이고 'ㄲ, ㄸ, ㅃ, ㅉ'는 공기의 양이 가장 적습니다.

얇은 휴지를 입 앞에 두고 '파'와 '빠'를 발음해 보세요. '파'를 발음할 때는 휴지가 크게 움직이지만 '빠'를 발음할 때는 휴지가 거의 움직이지 않습니다. 그리고 '바'를 발음해 보세요. 휴지가 조금 움직이는 것을 볼 수 있습니다.

확인 점검

업무와 관련된 단어를 알고 이해할 수 있다.	☐	☐	☐
직장에서 맡은 업무를 할 수 있다.	☐	☐	☐

8 문화와 복습 1

학습 목표 한국에서 특별한 날 먹는 음식의 의미에 대해 이해할 수 있다.

여러분은 어떤 한국 음식을 좋아합니까?

한국에서 먹은 특별한 음식에 대해서 이야기해 봅시다.

문화

읽어 보세요.

한국에는 특별한 날에 먹는 특별한 음식들이 있습니다. 이 음식들은 단순한 식사의 의미를 넘어 그날의 특별한 의미와 문화를 담고 있어서 한국 사람들의 삶과 문화를 잘 알 수 있습니다.

먼저, 복날은 여름 중에 가장 더운 날입니다. 무더운 여름을 잘 이겨내기 위해 사람들이 삼계탕을 먹습니다. 삼계탕은 닭 속에 인삼, 대추, 찹쌀 등을 넣고 끓인 보양 음식입니다. 한국에서는 "이열치열(以熱治熱)"이라는 말이 있는데, 이는 더위를 이기려면 더운 음식을 먹어야 한다는 뜻입니다. 더운 날에 뜨거운 음식을 먹으면 몸의 기운을 살리고, 땀을 흘리면서 몸 안의 찬 기운을 내보낼 수 있다고 생각합니다. 그래서 예부터 복날에 삼계탕을 먹는 전통이 이어져 오고 있습니다.

다음으로, 한국에서 생일에는 특별한 음식을 먹는데, 바로 미역국입니다. 미역국은 미역을 넣어 끓인 국으로 철분과 칼슘과 같은 영양소가 풍부해서 출산 후 산모가 건강을 회복하기 위해 먹는 음식입니다. 그래서 생일에 미역국을 먹는 것은 자신이 태어났을 때 어머니가 겪은 고생을 기억하고 감사하는 의미를 담고 있습니다. 미역국은 생일뿐만 아니라 일상에서도 자주 먹지만, 생일에 먹는 미역국은 어머니의 사랑을 되새긴다는 점에서 그 의미가 더 특별합니다.

마지막으로, 이삿날은 바쁘고 정신 없는 날입니다. 짐을 정리하느라 시간이 부족할 때 간단하게 먹을 수 있는 음식이 필요합니다. 그래서 많은 한국 사람들이 이삿날에는 자장면을 먹어 왔습니다. 자장면은 배달이 쉽고 준비할 필요 없이 바로 먹을 수 있는 편리한 음식입니다. 과거에는 이웃이나 친척들이 이사를 도와주고, 함께 자장면을 먹으며 고마움을 나누는 일이 많았습니다. 이러한 전통이 오늘날에도 이어져, 이삿날에 자장면을 먹는 것이 하나의 관습으로 자리 잡았습니다.

앞서 살펴보았듯이, 복날의 삼계탕, 생일의 미역국, 이삿날의 자장면은 단순한 식사가 아닙니다. 각 음식에는 그날의 특별한 의미와 전통이 담겨 있으며 한국 사람들의 문화와 생활을 잘 보여 주는 음식입니다. 따라서 특별한 날 먹는 특별한 음식을 통해 한국의 문화를 더욱 깊이 이해할 수 있습니다.

질문에 대답하세요.

1. 이 글에서 소개한 세 가지 음식은 무엇입니까?

2. 이 글에서 소개한 음식이 가지는 특별한 의미와 문화는 무엇입니까?

여러분 나라에서는 특별한 날에 먹는 특별한 음식이 있습니까?

복습

다음 문제를 풀어 보세요.

※ [1~10] 다음 (　　　　)에 알맞은 것을 고르십시오.

1. 비행기를 탈 때 부피가 큰 물건은 위탁 (　　　　)(으)로 보내야 한다.

① 세관　② 수하물　③ 탑승구　④ 면세점

2. 고향까지 직항이 없어서 인천공항에서 (　　　　) 가야 한다.

① 이륙해서　② 착륙해서　③ 환승해서　④ 지연해서

3. 온라인 수업에서 발표를 위해 화면을 (　　　　) 시작했다.

① 공유하고　② 수강하고　③ 접속하고　④ 연락하고

4. 김 대리가 자리에 없어서 메모를 (　　　　) 먼저 출발했다.

① 끊기고　② 남기고　③ 모이고　④ 비우고

5. 많이 걸었으니까 여기서 (　　　　) 쉬었다가 가는 게 좋겠다.

① 겨우　② 보통　③ 아까　④ 잠시

6. 결혼식장을 예약하기 위해 (　　　　) 인원을 생각해 보았다.

① 소식　② 참가　③ 참석　④ 참여

7. 김 선생님은 이 분야에서 (　　　　)이 오래되었다.

① 경력　② 능력　③ 실력　④ 학력

8. 한국어능력시험을 보기 위해 신청서를 (　　　　).

① 신고했다　② 응시했다　③ 접수했다　④ 합격했다

9. 이번 일을 진행하면서 우리 회사는 IT 업체와 서로 (　　　　) 했다.

① 근무하기로　② 체결하기로　③ 협력하기로　④ 협약하기로

10. 월급도 중요하지만 자기의 (   ) 일을 선택해야 한다.

① 걸음에 맞춘 ② 보고를 하는 ③ 적성에 맞는 ④ 휴가를 내는

※ [11~12] 다음 밑줄 친 부분과 의미가 비슷한 것을 고르십시오.

11. 여행사에서 일할 수 있기를 <u>꿈꾸면서</u> 외국어 공부를 했다.

① 실망하면서 ② 자신하면서 ③ 지원하면서 ④ 희망하면서

12. 민서는 대학에서의 <u>전공을 살려</u> 무역회사에 취직했다.

① 권유해서 ② 수정해서 ③ 취업해서 ④ 활용해서

※ [13~14] 다음 밑줄 친 부분과 의미가 반대인 것을 고르십시오.

13. 공항에서 <u>출국</u> 심사를 마치고 출발까지 시간이 남아 면세점을 구경했다.

① 검색 ② 보안 ③ 세관 ④ 입국

14. 이번 시험에 <u>합격하면</u> 더 이상 바랄 것이 없을 것 같다.

① 응시 ② 지원 ③ 통과 ④ 불합격

※ [15~20] 다음 (   )에 알맞은 것을 고르십시오.

15. 가: 링링 씨, 제가 이메일 보냈는데 봤어요?
나: 아직이요. 이따가 집에 (   ) 확인해 볼게요.

① 도착해도 ② 도착하려고
③ 도착하자마자 ④ 도착할 정도로

16. 가: 링링 씨, 여기 두었던 책 못 봤어요?
나: 아, 제가 아까 책꽂이에 (   ).

① 꽂아 놓았어요 ② 꽂기로 했어요
③ 꽂으면 좋겠어요 ④ 꽂을 걸 그랬어요

복습

17.
가: 제주도 여행은 잘 했어요?
나: 네, 제주도 경치가 정말 (   ).

① 아름답군요 ② 아름답기는요
③ 아름답더라고요 ④ 아름답다고 해요

18.
가: 내일 친구가 한국에 오는데 가기 좋은 곳이 있을까요?
나: 민속촌은 어때요? 한국의 전통문화를 볼 수 있어서 (   ).

① 가 봤어요 ② 가 보세요
③ 가기로 했어요 ④ 가 볼만 할 거예요

19.
가: 선생님이 수업 시작하자마자 30분 만에 끝내셨어요.
나: 네? 수업을 30분 만에 (   ) 이상하네요.

① 끝냈냐니요? ② 끝내라니요?
③ 끝냈다니요? ④ 끝내자니요?

20.
가: 한국어 발음이 정말 좋네요.
나: (   ). 아직 더 연습해야 해요.

① 발음이 좋기는요 ② 발음이 좋잖아요
③ 발음이 좋아졌네요 ④ 발음이 좋은 편이에요

※ [21~22] 다음 밑줄 친 부분과 의미가 비슷한 것을 고르십시오.

21.
가: 이 서류 좀 이 선생님께 전해 주세요. 방에 계실 거예요.
나: 네? 어제 해외에 <u>가신다고 하셨잖아요</u>.

① 가신다고 하셨어요. ② 가신다고 했겠지요.
③ 가신다고 했을 거예요. ④ 가신다고 했을 리가 없어요.

22.
가: 시험에 떨어졌는데 표정을 보니 기분은 괜찮은 것 같네요.
나: 네? 누구 놀리세요? <u>기분이 괜찮을 리가 있겠어요?</u>

① 기분이 괜찮은 편이에요. ② 기분이 괜찮아지고 있어요.
③ 기분이 전혀 괜찮지 않거든요. ④ 얼마나 기분이 괜찮은지 몰라요.

※ [23~24] 다음 밑줄 친 부분이 틀린 것을 고르십시오.

23. ① 회사에서 다음 날에 워크숍을 한다고 해요.
② 민서 씨가 오늘은 기분이 좀 어떠냐고 해요.
③ 다음 주 금요일이 장학금 신청 마감이라고 해요.
④ 어머니가 저한테 내일부터 집에 혼자 오자고 해요.

24. ① 윤서 씨가 저한테 제 옷을 사 달라고 해요.
② 윤서 씨가 저한테 한국어를 가르쳐 달라고 해요.
③ 윤서 씨가 저한테 민수 가방을 들어 주라고 해요.
④ 윤서 씨가 저한테 이 책을 제 동생한테 전해 주라고 해요.

※ [25~26] 다음을 읽고 물음에 답하십시오.

가: 아직 출발 안 했어요? 왜 이렇게 늦어요?
나: 미안해요. 전화가 와서 통화 좀 (㉠) 이제 막 출발했어요.
가: 그래요? 언제 도착할 것 같아요?
나: 글쎄요. 차가 막혀서 아직 (㉡). 먼저 식사하시고 계세요.

25. ㉠에 알맞은 것을 고르십시오.

① 한다니 ② 하기는 ③ 해 놓고 ④ 하느라고

26. ㉡에 알맞은 것을 고르십시오.

① 도착할 만해요 ② 도착한다고 했어요
③ 도착하려면 멀었어요 ④ 도착할 리가 없어요

9 회사 생활

학습 목표	회사 생활에 잘 적응할 수 있다.
주제	회사 생활
어휘와 표현	회사 생활 관련 어휘와 표현
문법	에 따라서, -(으)ㄴ/는 데다가

회사 생활을 잘할 수 있는 방법은 무엇입니까?

회사 생활에서 겪은 어려움에 대해 이야기해 봅시다.

어휘 · 표현

알아보세요.

회사 생활

구성원

신입사원

동료

선배

팀워크

갈등

협업

소통

하나하나

해결하다

양해를 구하다

원활하다

연결하세요.

구성원 •		• 회사에서 자기보다 먼저 입사한 사람
팀워크 •		• 어떤 조직이나 단체를 이루고 있는 사람
선배 •		• 팀이 협동하여 하는 동작. 팀 구성원들 간의 관계

빈칸에 알맞은 표현을 채우세요.

1. 우리 회사에서는 이번에 새로 ________________을/를 10명 뽑았다.
2. 같이 일하는 회사 ________________들과 선배들이 잘해 줘서 회사에 쉽게 적응했다.
3. 처음부터 모두 잘하기는 어려우니까 ________________ 배우면 됩니다.
4. 같이 일할 때 서로 의견이 다르면 ________________이/가 생길 수도 있다.

빈칸에 알맞은 표현을 채워 대화를 완성하세요.

1. 가: 이번에 모두가 ________________ 일을 잘 끝낼 수 있었어요.

   나: 네, 우리 팀은 어떤 문제가 있어도 ________________ 있다고 생각합니다.

2. 가: 회사에서는 부서 사람들과 ________________ 소통하는 것이 중요한 것 같아요.

   나: 맞아요. 의견이 잘 맞지 않을 때가 있어도 서로 ________________ 이해하는 것이 필요하죠.

문법 1

에 따라서

● 명사에 붙어 앞의 말이 기준이 되어 어떤 상황이나 사실을 나타낼 때 사용한다.

가: 요즘 다이어트는 잘 하고 있어요?
나: 네, 계획표에 따라서 실천하고 있어요.

가: 한국은 모든 지역에서 김치를 먹어요?
나: 네, 하지만 지역에 따라서 김치 맛과 종류가 달라요.

- 성공과 실패는 우리의 노력에 따라서 달라진다.
- 나라에 따라서 다른 문화를 존중해야 합니다.

받침 O	에 따라서	생각에 따라서
받침 X		문화에 따라서

tip 두 가지 혹은 그 이상을 비교하여 차이를 나타낼 때 주로, '다르다', '차이가 나다'라는 말과 함께 자주 사용한다.

- 사람에 따라/지역에 따라/날씨에 따라 달라요.

의문사와 함께 '-느냐에 따라서, -(으)냐에 따라서'의 형태로 사용한다.

- 언제 예약하느냐에 따라 요금이 달라져요.
- 일이 얼마나 많으냐에 따라 근무 시간이 달라집니다.

문장을 만드세요.

보기 음식 / 지역 / 맛

➡ 음식은 지역에 따라서 맛이 조금씩 다릅니다 .

1. 작품 / 보는 사람 / 느낌

➡ ______________________________.

2. 내일 날씨 / 여행 일정 / 조정하다

➡ ______________________________.

대화를 만드세요.

보기 가: 한국은 모든 지역에서 김치를 먹어요?

나: 네. 하지만 지역에 따라서 맛과 종류가 달라요 .

1. 가: 아저씨, 여기 수박은 얼마예요?

나: ____________________. 큰 건 만 원, 작은 건 칠천 원이에요.

2. 가: 다른 나라를 여행하면 참 배우는 게 많은 것 같아요.

나: 그렇지요? ____________________.

다음 밑줄 친 부분에 가장 알맞은 것을 고르세요.

보기 가: 많이 준비했는데 결과가 안 좋아서 어떡해요?

나: 아니요. ____________________. 준비하는 과정을 통해서 많이 배웠어요.

① 생각보다 좋지 않았지요.

② 생각하는 것마다 다르지요.

③ 생각하기에 따라서 다르지요.

④ 생각한 대로 결과가 있었지요.

-(으)ㄴ/는 데다가

● 동사, 형용사에 붙어 앞의 행위나 상태에 뒤의 행위나 상태가 덧붙여짐을 나타낼 때 사용한다.

가: 민수 씨는 어떤 사람이에요?
나: 멋있는 데다가 친절한 사람이에요.

가: 오늘은 날씨가 정말 추운 것 같아요.
나: 네, 기온이 낮은 데다가 바람도 불어 더 추운 것 같아요.

- 온라인 한국어 수업은 재미있는 데다가 언제 어디서나 들을 수 있어서 좋아요.
- 감기에 걸려서 목이 많이 아픈 데다가 열도 나서 힘들어요.

동사	-는 데다가		먹는 데다가
형용사	받침 O	-은 데다가	좋은 데다가
	받침 X	-ㄴ 데다가	예쁜 데다가
	ㄹ 받침		긴 데다가

tip

앞과 뒤의 주어가 같아야 한다.
- 민수는 노래를 잘하는 데다가 (민수는) 춤도 잘 춰요. (o)
- 민수는 노래를 잘하는 데다가 수지는 춤도 잘 춰요. (x)

앞과 뒤는 서로 관계있는 내용이어야 한다.
- 민수는 멋있는 데다가 성격도 좋아요. (o)
- 민수는 멋있는 데다가 성격이 안 좋아요. (x)

문장을 만드세요.

보기 민수 / 멋있다 / 친절하다

➡ 민수 씨는 멋있는 데다가 친절한 사람이에요.

1. 토요일 한국어 수업 / 재미있다 / 배울 것이 많다

➡ ______________________.

2. 고향은 경치가 아름답다 / 맛있는 음식이 많다 / 사람들이 많이 온다

➡ ______________________.

대화를 만드세요.

보기 가: 오늘 날씨가 정말 춥네요.

나: 네, 비가 오는 데다가 바람까지 많이 불어서 춥네요.

1. 가: 어디 아파요? 안색이 안 좋아 보여요.

나: 네, 감기 때문에 ______________________.

2. 가: 이번에 새로 들어간 회사는 어때요?

나: 회사 사람들이 모두 ______________________ 좋아요.

다음 밑줄 친 부분에 가장 알맞은 것을 고르세요.

보기 가: 학교는 다닐 만해요? 친구들도 많이 사귀었어요?

나: 네, 친구들이 모두 ______________ 성격이 좋아서 쉽게 친해졌어요.

① 친절하지만 ② 친절하기 때문에

③ 친절하기는 하지만 ④ 친절할 뿐만 아니라

대화

대화를 잘 들으세요.

다카시　링링 씨, 여기예요. 그동안 잘 지냈어요?

링링　다카시 씨, 정말 반가워요. 우리 몇 년 만이죠?
졸업하고 처음 보는 거니까 벌써 2년이 지났네요.

다카시　아! 정말 시간이 빠르네요. 참! 이번에 회사에 취직한 거 축하해요.

링링　고마워요. 면접 보기 전에 걱정이 많았는데 다행히 결과가 좋았어요.

다카시　회사 생활은 어때요? 힘들지는 않아요?

링링　사람에 따라서 다르겠지만 저는 신입사원이라서 좀 힘든 것 같아요.

다카시　회사에 처음 들어가면 다 그렇지요. 처음이라 낯설어서 그럴 거예요.

링링　새로 배워야 하는 것들도 많은 데다가 제가 일이 서툴러서 실수할 때도 많아요.

다카시　그렇게 하나하나 배워 가는 거지요. 링링 씨라면 잘 해낼 거예요.

링링　네, 다행히 회사 선배님들이 잘해 주셔서 저도 힘내 보려고요.

질문에 대답하세요.

1. 다카시 씨와 링링 씨는 몇 년 만에 만났습니까?

2. 링링 씨는 회사 생활이 왜 힘듭니까?

여러분은 링링 씨에게 어떤 말을 해 주고 싶습니까?

대화를 만드세요.

상황 1 회사에서 점심시간을 보내는 것에 대한 대화

상황 2 회사에서 실수한 상황에 대한 대화

이야기해 보세요.

1. 회사 생활에서 동료와 갈등을 겪은 적이 있습니까?

2. 누구와 무슨 일로 갈등을 겪었습니까?

3. 동료와 갈등이 있었을 때 어떻게 해결했습니까?

4. 갈등이 있을 때 갈등을 해결하는 방법에 대해 이야기해 보세요.

발음 Tip

ㄹ 발음

한국어의 'ㄹ'은 발음할 때는 모음 사이에서 발음하는 [ㄹ]과 받침에서 발음하는 [ㄹ]이 조금 다릅니다. 모음 사이에서 'ㄹ'을 발음할 때는 혀의 앞부분이 윗니 바로 뒤에 닿았다가 떨어집니다.

받침에서 'ㄹ'을 발음할 때는 혀의 앞부분이 윗니 바로 뒤에 붙인 상태로 발음합니다.

그리고 이때 혀의 앞부분이 동그랗게 되어서 뒤로 가지 않도록 해야 합니다.

아래 단어들을 연속해서 발음해 보세요. 모음 사이와 받침에서 'ㄹ'의 차이를 느끼면서 발음해 보세요.

'소리 말', 'ᅟ우리 달', '살 사람', '일 노래'

확인 점검

- 회사 생활과 관련된 단어를 알고 이해할 수 있다. ☐ ☐ ☐
- 회사 생활에 잘 적응할 수 있다. ☐ ☐ ☐

10 일과 공부

학습 목표	일과 공부를 모두 잘할 수 있다.
주제	학업 병행
어휘와 표현	학업 병행 관련 어휘와 표현
문법	(아무리) -아/어도, -(으)ㄹ 걸 그랬다

일과 공부를 같이 할 수 있는 방법은 무엇입니까?

일하면서 공부를 함께 한 경험에 대해 이야기해 봅시다.

어휘 · 표현

알아보세요.

학업 병행

학업

병행하다

시간을 쪼개다

일과 학업을 병행하다

최선을 다하다

충분히

힘껏

눈코 뜰 새 없이 바쁘다

밤을 새우다

쉴 틈이 없다

포기하다

두 마리 토끼를 잡다

연결하세요.

병행 •	• 있는 힘을 다해서
힘껏 •	• 두 가지 이상의 일을 한꺼번에 하는 것
시간을 쪼개다 •	• 시간을 나누어서 다른 일을 할 시간을 마련하다

빈칸에 알맞은 표현을 채우세요.

1. 일도, 공부도 잘 안될 때는 모두 ________________ 싶다.

2. 요즘에 일이 너무 많아서 조금도 ________________.

3. 내일 시험이 있는데 공부를 많이 못해서 오늘은 ________________ 할 것 같다.

4. 오늘은 오전부터 계속 ________________ 바빠서 점심을 못 먹고 일했다.

빈칸에 알맞은 표현을 채워 대화를 완성하세요.

1. 가: 윤서 씨는 일하면서 공부까지 하는 게 정말 대단해요.

나: 네, 두 가지 모두 잘 해내고 싶은데 ________________ 쉬운 일이 아니네요.

2. 가: 일과 학업을 병행하려면 두 배 노력이 필요하니까요.

그래도 윤서 씨라면 ________________ 잘 해낼 것이라 생각해요.

나: 고마워요. 제가 할 수 있는 ________________.

문법 1

(아무리) -아/어도

● 동사나 형용사에 붙어 앞에서 말하는 사실이나 가정에 대해 기대하는 것이 뒤에서 어긋남을 나타낸다.

가: 비가 올 것 같아요. 축구 못 하겠는데요.
나: 아니에요. 비가 와도 축구를 할 거예요.

가: 어제 잃어버린 휴대폰을 찾았어요?
나: 아니요, 어제 하루 종일 찾아봐도 없었어요.

- 아무리 어려워도 절대 포기하지 않을 거예요.
- 커피를 마셔도 계속 졸려요.

ㅏ, ㅗ	-아도	만나도
ㅏ, ㅗ 이외	-어도	있어도
-하다	-해도	전화해도
이다	이어도	선생님이어도
	여도	의사여도

문장을 만드세요.

보기 비가 오다 / 축구를 하다

➡ 비가 와도 축구를 할 거예요_____________.

1. 공부가 힘들다 / 열심히 하다

➡ _____________________________.

2. 많이 먹다 / 살이 찌지 않다

➡ _____________________________.

대화를 만드세요.

보기 가: 아직도 감기가 안 나았어요?

나: 네, 약을 먹어도 낫지 않아요_____________.

1. 가: 다카시 씨, 지금 비가 오는데 운동하러 가려고요?

나: 네, _____________________________.

2. 가: 잃어버린 책은 찾았어요?

나: 아니요. _____________________________.

다음 밑줄 친 부분에 가장 알맞은 것을 고르세요.

보기 가: 문제는 다 풀었어요?

나: 마지막 한 문제 남았는데 _____________ 잘 모르겠어요.

① 오랫동안 풀고
② 계속 생각하면서
③ 아무리 생각해도
④ 끝까지 해결해서

문법 2

-(으)ㄹ 걸 그랬다

● 동사에 붙어 자기가 한 일이나 하지 않은 일에 대해 후회나 아쉬움을 나타낼 때 사용한다.

가: 왜 그래요? 점수가 잘 안 나왔어요?
나: 네, 공부를 많이 못했거든요. 좀 더 열심히 할 걸 그랬어요.

가: 이렇게 운동을 하니까 좋네요.
나: 맞아요. 운동을 빨리 시작할 걸 그랬어요.

- 제가 좀 더 다른 사람 입장에서 생각해 볼 걸 그랬어요.
- 아! 이럴 줄 알았으면 시험공부를 열심히 할 걸 그랬네.

받침 O	-을 걸 그랬다	먹을 걸 그랬다
받침 X	-ㄹ 걸 그랬다	갈 걸 그랬다
ㄹ 받침		만들 걸 그랬다

tip

문장의 주어는 1인칭만 쓰인다.
- 열심히 공부할 걸 그랬어. (O)
- 철수가 열심히 공부할 걸 그랬어. (X)

말할 때 '그랬다'를 생략할 수 있다. 주로 혼잣말을 할 때 쓰인다.
- 열심히 공부할 걸 그랬어. → 열심히 공부할 걸.

문장의 마지막 억양이 내려감에 주의해야 한다.
- 아침을 먹을 걸 그랬어요.(↘)
- 아침을 먹을 걸.(↘)

문장을 만드세요.

보기 시험을 잘 못 봤어요. (시험 공부를 하다)

➡ 시험 공부를 미리 할 걸 그랬어요.

1. 다카시가 제 비밀을 말하고 다녀서 속상해요. (말하다)

➡ ______________________________.

2. 어제 동창회에서 무리를 한 것 같아. (술을 마시다)

➡ ______________________________.

대화를 만드세요.

보기 가: 점수가 잘 안 나왔어요?

나: 네, 준비를 못했거든요. 좀 더 열심히 할 걸 그랬어요.

1. 가: 온라인으로 한국어 배우는 것은 어때요? 재미있어요?

나: 네, 정말 재밌어요. ______________________________.

2. 가: 우리 아무래도 제시간에 도착하기 어려울 것 같아.

나: ______________________________.

다음 밑줄 친 부분에 가장 알맞은 것을 고르세요.

보기 가: 어제 오랜만에 고등학교 친구들을 보니까 정말 좋더라.

나: 그래? 좋았겠다. 나도 ______________________________.

① 갈까 해 ② 가려고 해

③ 갈 걸 그랬네 ④ 갈 리가 없지

대화를 잘 들으세요.

다카시 링링 씨, 지금도 온라인으로 계속 한국어를 공부해요?

링링 네, 온라인으로 업무 관련 한국어를 공부하고 있어요.

다카시 회사 다니면서 공부하는 것이 쉽지 않을 것 같은데요.

링링 맞아요. 회사가 끝나고 집에 오면 피곤한데요.
공부하다가 잔 적도 있어요.

다카시 일과 공부, 두 가지를 같이 하는 건 정말 어려울 것 같아요.

링링 학교 다닐 때 한국어 공부를 더 열심히 할 걸 그랬어요.
그러면 지금 더 잘할 수 있을 것 같은데.

다카시 지금도 충분히 잘하고 있어요. 그리고 저는 힘들어도 항상
최선을 다하는 링링 씨가 정말 대단한 것 같아요.

링링 고마워요. 아무리 어려워도 절대 포기하지 않을 거예요.

다카시 그럼요. 저도 응원할게요.

질문에 대답하세요.

1. 링링 씨는 요즘 무엇을 공부하고 있습니까?

2. 다카시 씨는 링링 씨의 어떤 모습이 대단하다고 생각합니까?

여러분은 어떤 일을 포기하고 싶은 적이 있었습니까?

대화를 만드세요.

상황 1 아르바이트를 하면서 학교에 다니는 것에 대한 대화

상황 2 배우로 일하면서 가수로도 일하는 상황에 대한 대화

활동

이야기해 보세요.

1. 여러분은 후회하는 일이 있습니까?

2. 언제, 무슨 일이 있었습니까?

3. 그때로 다시 돌아간다면 어떻게 하겠습니까?

4. 내 인생에서 후회하는 일에 대해서 써 보세요.

발음 Tip

ㅅ 발음

한국어의 자음들을 보면 'ㄱ, ㄲ, ㅋ', 'ㄷ, ㄸ, ㅌ', 'ㅂ, ㅃ, ㅍ', 'ㅈ, ㅉ, ㅊ'은 소리가 나는 위치가 같고 3개로 구분됩니다. 그런데 'ㅅ, ㅆ'은 2개만 있는 것을 볼 수 있습니다. 이런 부분에서 한국어 'ㅅ'은 다른 소리들과 차이점이 있습니다.

한국어의 'ㅆ'을 발음할 때는 'ㄲ, ㄸ, ㅃ, ㅉ'와 같이 공기의 양이 많지 않습니다. 그런데 한국어의 'ㅅ'을 발음할 때는 'ㄱ, ㄷ, ㅂ, ㅈ'보다는 공기의 양이 더 많이 나옵니다. 'ㅋ, ㅌ, ㅍ, ㅊ'의 성격과 비슷하다고 할 수 있습니다.

손바닥을 입 앞에 대고 '가, 다, 바, 자, 사'를 발음해 보세요. '사'를 발음할 때 공기의 양이 더 많이 나오도록 발음하는 연습을 해 보세요.

확인 점검

학업 병행이 무엇인지 알고 이해할 수 있다.	☐	☐	☐
후회되는 경험에 대해 말할 수 있다.	☐	☐	☐

11 안부

학습 목표	안부를 묻고 답할 수 있다.
주제	안부
어휘와 표현	안부 관련 어휘와 표현
문법	-(으)ㄹ지도 모르다, -아/어야겠다

- 여러분은 누구의 안부가 궁금합니까?
- 안부를 묻고 대답한 경험에 대해서 이야기해 봅시다.

어휘 · 표현

알아보세요.

안부

연락하다

그립다

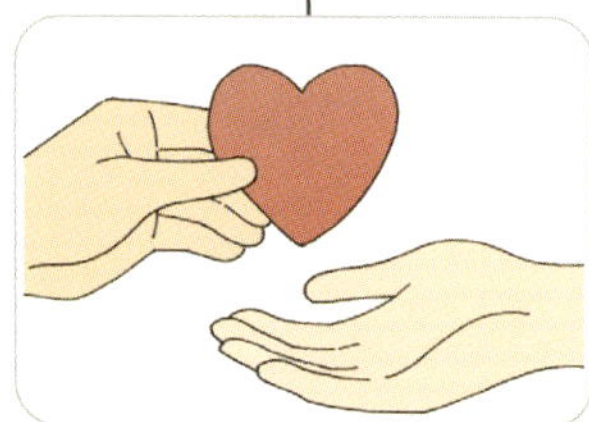
전하다

연락이 닿다

그리워하다

기원하다

연락이 끊기다

떠오르다

덕분에

예나 지금이나

진심으로 바라다

연결하세요.

안부 •	• 거짓이 없는 진실된 마음
진심 •	• 보고 싶고 만나고 싶은 마음이 크다
그립다 •	• 어떤 사람이 잘 지내고 있는지에 대해 소식이나 인사로 전하거나 묻는 일

빈칸에 알맞은 표현을 채워 대화를 완성하세요.

1. 가: 윤서 씨, 민수 씨와 지금도 ________________ 지내요?

나: 아니요. 연락이 ________________ 좀 됐어요.

가: 그렇군요. 저도 민수 씨에에 연락이 ________________ 않아서요.
잘 지내겠지요?

나: 예전에 연락했을 때 친구들이 많이 보고 싶다고 했어요.
친구들을 많이 ________________.

2. 가: 윤서 씨, 그동안 잘 지냈어요?

나: 네, ________________. 서준 씨도 잘 지냈죠?

가: 네, 저도 잘 지냈어요. 이렇게 윤서 씨를 만나니까 예전 추억이 ________________.
학교 다녔을 때로 돌아가고 싶어요.

나: 서준 씨 예전에도 학교를 정말 좋아했는데 ________________ 학교 생각을 많이 하네요.

3. 가: 윤서 씨, 부모님은 건강하시죠? 저한테 참 잘해 주셨는데.
부모님께 제 안부 좀 ________________.

나: 네, 잘 지내세요. 서준 씨 부모님도 안녕하시죠?

가: 네, 두 분 다 건강하세요.

4. 가: 오늘 정말 즐거웠어요. 앞으로 자주 연락하면서 지내요.
건강하게 지내기를 ________________.

나: 네, 그래요. 자주 연락해요.
저도 윤서 씨가 항상 행복하게 지내기를 ________________.

문법 1

-(으)ㄹ지도 모르다

● 동사, 형용사에 붙어 어떤 상황에 대해 확실하지 않은 추측을 나타낼 때 사용한다.

가: 다카시 씨가 연락이 잘 안 돼요.
나: 지금 자고 있을지도 몰라요.

가: 이 정도면 충분할까요? 손님이 얼마나 올지 모르겠네요.
나: 손님이 많이 오면 음식이 부족할지도 모르겠는데요.

- 처음이라서 좀 실수가 있을지도 모르겠습니다.
- 런던은 밤일지도 모르니 시간을 계산해 보세요.

받침 O	-을지도	먹을지도
받침 X	-ㄹ지도	갈지도
ㄹ 받침		울지도
이다	-일지도	회사원일지도, 친구일지도

tip (형용사, 동사에 붙어) '그런 것이 이해가 된다', '그럴 이유가 있다', '상황이 그런 일이 일어나기에 충분한 정도가 되다'라는 의미로도 쓰인다.

문장을 만드세요.

보기 처음 / 실수가 있다

➡ 처음이라서 실수가 있을지도 모르겠습니다.

1. 길이 막히다 / 제시간 / 도착하지 못하다

➡ ______________________________.

2. 저 두 사람 / 우리가 모르다 / 사귀는 사이

➡ ______________________________.

대화를 만드세요.

보기 가: 음식이 이 정도면 충분할까요?

나: 글쎄요. 손님이 많이 오면 부족할지도 모르겠네요.

1. 가: 다음 주에 친구들하고 방송국 견학을 가기로 했어요.

나: 그래요? 방송국에서 ______________________________.

2. 가: 30년 후에 우리는 무엇을 하고 있을까요?

나: 저는 30년 후에 ______________________________.

다음 밑줄 친 부분에 가장 알맞은 것을 고르세요.

보기 가: 지금 8시 반인데 약국 문 열었을까요?

나: 글쎄요. 늦게까지 ______________ 한번 전화해 보세요.

① 할지도 모르니까　② 하려면 멀었으니까

③ 문을 닫았을 거니까　④ 문을 열 리가 없으니까

문법 2

-아/어야겠다

- 동사에 붙어 말하는 사람이 어떠한 행위를 할 것이라는 강한 의지를 나타낼 때 사용한다. 주로 구어에서 사용한다.

가: 이번 일을 겪으면서 건강이 제일이라는 것을 배웠어요.
나: 맞아요. 저도 건강을 위해서 당장 운동을 시작해야겠어요.

가: 내일이 발표인데 준비는 다 했어요?
나: 다 하기는 했는데 왜 이렇게 불안하지요? 다시 한번 확인해야겠어요.

- 다음 주말에는 꼭 특강을 들으러 가야겠어요.
- 시험에 합격하기 위해서 더 노력해야겠어요.

ㅏ, ㅗ	-아야겠다	가야겠다
ㅏ, ㅗ 이외	-어야겠다	먹어야겠다
-하다	-해야겠다	공부해야겠다

tip **'꼭/반드시 -아/어야겠어요'의 구성으로 주로 사용한다.**
- 동해 바다가 예쁘다는데, 이번 여름에는 꼭 가 봐야겠어요.
- 이번 학기에는 제가 반드시 장학금을 받아야겠어요.

문장을 만드세요.

보기 건강 / 운동을 하다

➡ 건강을 위해서 운동을 해야겠어요.

1. 그 영화 / 꼭 보다

➡ ______________________.

2. 날씨가 춥다 / 따뜻하게 입다

➡ ______________________.

대화를 만드세요.

보기 가: 내일 발표 준비는 끝났어요?

나: 네, 준비는 다 했지만 한번 더 확인해야겠어요.

1. 가: 다카시 씨, 어디 아파요?

나: 네, ______________________.

2. 가: 다음 주 일요일에 한국어능력시험을 보지요?

나: 네, ______________________.

다음 밑줄 친 부분에 가장 알맞은 것을 고르세요.

보기 가: 이번 프로젝트 때문에 한 달 동안 너무 고생이 많았네요.

나: 그러게 말이에요. 이번 일 끝나면 꼭 ______________________.

① 휴가를 가야겠어요. ② 한 달이 걸리더라고요.

③ 쉬려면 아직 멀었어요. ④ 회사가 쉴 리가 없어요.

대화

대화를 잘 들으세요.

다카시 이모, 안녕하세요? 그동안 잘 지내셨어요?

최하영 아이고, 이게 누구야. 다카시 학생이네. 왜 이렇게 오랜만에 왔어?

다카시 아, 그때 학교 졸업하고 인사도 제대로 못 드리고 갔지요.
그때 급하게 일본에 취직이 돼서요. 이번에 출장으로 한국에 왔어요.

최하영 그랬구나. 이제 못 만날지도 모르겠다고 생각했는데 이렇게
다시 보니까 정말 반갑네. 부모님은 모두 건강하시고?

다카시 네, 덕분에 모두 잘 지내세요. 이모 가족분들도 모두 건강하시죠?

최하영 그럼. 다들 잘 지내. 그나저나 다른 친구들도 만났어?

다카시 며칠 전에 링링 씨는 만났어요. 다른 친구들은 이따가 1시에
여기서 만나기로 했어요. 이모님 보고 싶어서 조금 먼저 왔어요.

최하영 예나 지금이나 예쁜 말만 골라서 하네.
오늘은 내가 솜씨 발휘를 좀 해야겠네.

다카시 네, 감사합니다. 이모가 해 주시는 제육볶음이 정말 그리웠어요.

질문에 대답하세요.

1. 다카시 씨는 졸업하고 왜 하영 씨에게 인사를 못 했습니까?

2. 다카시 씨는 왜 친구들과 약속 시간보다 일찍 왔습니까?

여러분은 친한 사람을 어떻게 부릅니까?

대화를 만드세요.

상황 1 오랜만에 학교 선생님을 찾아가서 나누는 대화

상황 2 오랜만에 할아버지, 할머니 댁에 방문해서 나누는 대화

활동

이야기해 보세요.

1. 여러분은 보고 싶은 사람이 있습니까?

2. 그 사람과 무슨 일이 있었습니까?

3. 그 사람에게 물어 보고 싶은 것이 있습니까?

4. 보고 싶은 사람의 안부를 묻고 여러분의 안부를 전하는 편지를 써 보세요.

발음 Tip

ㅎ 발음 1

한국어의 'ㅎ'은 '하늘'[하늘]과 같이 단어의 처음에 올 때만 자기 소리가 납니다. 'ㅎ'이 받침으로 올 때는 다른 자음과 만나 소리가 변합니다.

'ㅎ'뒤에 'ㄱ, ㄷ, ㅈ'가 오는 경우에 'ㅎ'가 뒤에 오는 소리가 합쳐져 [ㅋ, ㅌ, ㅊ]로 발음됩니다.

놓고[**노코**]　좋다[**조타**]　닿지[**다치**]　많고[**만코**]　않다[**안타**]　싫지[**실치**]

받침 'ㄱ(ㄺ), ㄷ, ㅂ(ㄼ), ㅈ(ㄵ)' 뒤에 'ㅎ'가 오는 경우에도 두 소리가 합쳐져 [ㅋ, ㅌ, ㅍ, ㅊ]로 발음합니다.

국화[**구콰**]　읽히다[**일키다**]　맏형[**마텽**]　좁히다[**조피다**]　넓히다[**널피다**]
꽂히다[**꼬치다**]　앉히다[**안치다**]

확인 점검

안부를 묻고 답할 때 쓰는 표현을 알고 이해할 수 있다.	☐	☐	☐
안부를 묻고 답할 수 있다.	☐	☐	☐

12 건강과 증상

학습 목표	건강 상태를 확인할 수 있다.
주제	건강 상태
어휘와 표현	건강과 증상 관련 어휘와 표현
문법	-지 그랬어요?, -지 그래요?

여러분은 건강을 위해 무엇을 합니까?

몸이 안 좋았을 때 경험에 대해 이야기해 봅시다.

어휘 · 표현

알아보세요.

건강과 증상

기침

눈이 따갑다

심하다

코가 막히다

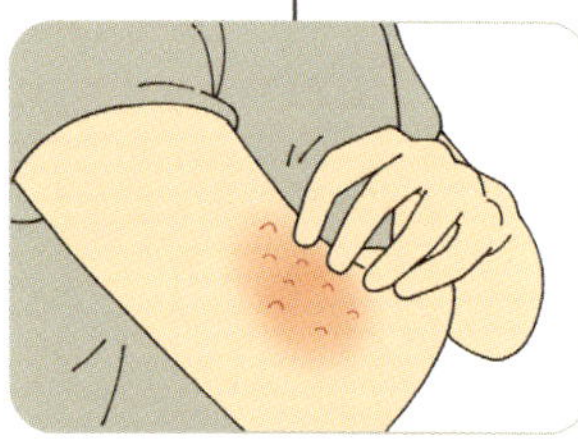
피부가 가렵다

무리하다

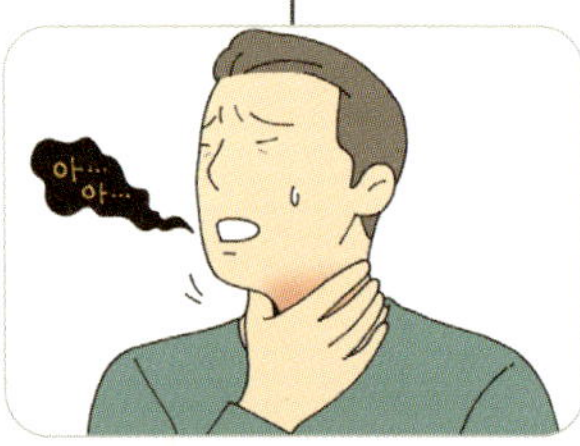
목이 잠기다

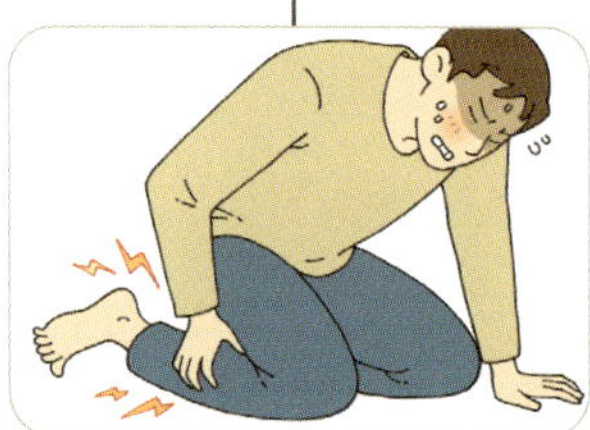
저리다

회복하다

환절기

머리가 어지럽다

알레르기

연결하세요.

기침 •	• 계절이 바뀌는 시기
환절기 •	• 원래의 상태로 다시 돌아가는 것
회복하다 •	• 감기 증상 중에 하나로 갑자기 숨소리를 터트리는 일

빈칸에 알맞은 표현을 채우세요.

1. 코가 ________________ 숨쉬기가 힘들어요.

2. 약을 먹었는데 어제보다 증상이 더 ________________.

3. 너무 오래 앉아 있어서 다리가 ________________.

4. 우리 선수들이 빨리 부상에서 ________________ 좋겠어요.

빈칸에 알맞은 표현을 채워 대화를 완성하세요.

1. 가: 기침을 계속 하니까 머리가 좀 ________________.

나: 약을 드릴 테니까 오늘은 ________________ 말고 잘 쉬세요.

2. 가: 눈에 뭐가 들어 갔는지 눈이 ________________.

나: 언제부터 그래요?

가: 지난주에 여행 다녀온 다음부터요. 피부도 좀 ________________.

문법 1

-지 그랬어요?

● 동사에 붙어 듣는 사람의 과거에 대해 다른 행동을 했으면 좋았을 거라는 안타까움이나 비난을 표현할 때 사용한다.

가: 주말에 집에만 있어서 심심했어요.
나: 그럼 저한테 전화하지 그랬어요?

가: 오늘 너무 추운 것 같아요.
나: 옷을 따뜻하게 입지 그랬어요?

- 학교에 오지 말고 집에서 쉬지 그랬어요?
- 날짜를 잘 확인하지 그랬어요?

받침 O	-지 그랬어요?	먹지 그랬어요?
받침 X		쉬지 그랬어요?

문장을 만드세요.

보기 심심했다 / 저 / 전화하다

➡ 심심했으면 저한테 전화하지 그랬어요?

1. 날이 춥다 / 옷 / 따뜻하게 입다

➡ ______________________________

2. 피곤하다 / 집 / 쉬다

➡ ______________________________

대화를 만드세요.

보기 가: 어제 밤에 창문을 열고 자서 그런지 감기에 걸린 것 같아요.

나: 아이고, 창문을 닫고 자지 그랬어요?

1. 가: 아침을 안 먹어서 배가 너무 고파요.

나: 바빠도 ______________________________

2. 가: 늦어서 미안. 오는데 차가 많이 막혔어.

나: 퇴근 시간인데 ______________________________

다음 밑줄 친 부분에 가장 알맞은 것을 고르세요.

보기 가: 어제 모임 재미있었어요? 저도 갈까 하다가 그냥 집에 갔는데.

나: 모임에 ______________ 얼마나 재미있었는데요.

① 오지 그랬어요? ② 올 걸 그랬어요?

③ 올 리가 있어요? ④ 올 수가 있어요?

문법 2

-지 그래요?

- 동사에 붙어 듣는 사람에게 조언, 충고, 제안 등을 할 때 사용한다. 책망하는 느낌이 있어 친한 사이나 나이가 어린 사람에게 사용한다.

가: 수업을 들어야 하는데 컴퓨터가 고장 났어요.
나: 그럼 이 노트북을 쓰지 그래요?

가: 공부를 하고 싶은데 방법을 잘 모르겠어요.
나: 그럼 선생님한테 물어 보지 그래요?

- 좀 더 구체적으로 생각해 보지 그래요?
- 지금부터라도 공부를 시작하지 그래요?

받침 O	-지 그래요?	듣지 그래요?
받침 X		공부하지 그래요?

tip '-지 그래요?'는 '-는 게 어때요?' 등의 다른 제안이나 조언 표현에 비해 화자의 생각이 더 분명하고 강하게 드러나고 상대방의 잘못을 안타까워하거나 책망하는 느낌이 있다.

문장을 만드세요.

보기 아프다 / 병원 / 가다

➡ 아프면 병원에 가지 그래요?

1. 컴퓨터 / 고장 났다 / 이 노트북 / 쓰다

➡ ______________________________

2. 공부 방법 / 모르다 / 선생님 / 물어 보다

➡ ______________________________

대화를 만드세요.

보기 가: 눈도 아프고 어깨도 아프고 너무 피곤해요.

나: 계속 일만 해서 그런 것 같아요. 조금 쉬지 그래요?

1. 가: 컴퓨터가 너무 느린 것 같아.

나: 컴퓨터가 오래돼서 그래. ______________________________

2. 가: 다음 주가 시험인데 공부를 하나도 못했어. 그냥 포기할까?

나: 아직 시간이 있으니까 ______________________________

다음 밑줄 친 부분과 바꾸어 쓸 수 있는 것을 고르세요.

보기 가: 혼자 공부하는 것이 쉽지가 않네요.

나: 그렇지요. 그럼 친구들과 같이 공부하는 게 어때요?

① 공부하지 그래요? ② 공부하기로 했어요.

③ 공부가 재미있잖아요. ④ 공부하려면 멀었어요.

대화

대화를 잘 들으세요.

엘레나 (콜록콜록) 선생님, 오늘 날씨가 너무 추운 것 같아요.

김윤서 그러네요. 바람도 많이 부네요. 그런데 엘레나 씨 괜찮아요? 아까부터 기침을 많이 하는 것 같아요. 병원은 다녀왔어요?

엘레나 아직이요. 어제 아침부터 열도 좀 있는 것 같아요.

김윤서 그럼, 병원부터 가지 그랬어요? 요즘은 환절기라서 조심해야 해요.

엘레나 어제는 친구들과 발표 준비를 하느라 많이 바빴어요.

김윤서 지금 보니까 코도 좀 막힌 것 같은데요. 목소리도 평소하고 좀 다르고. 지금이라도 병원에 가 보지 그래요?

엘레나 아무래도 그래야 할 것 같아요.

김윤서 오늘은 무리하지 말고 병원 갔다가 집에 바로 가서 좀 쉬세요.

엘레나 네, 선생님. 그렇게 할게요.

김윤서 내일은 오늘보다 건강한 모습으로 만나면 좋겠어요.

질문에 대답하세요.

1. 엘레나 씨는 오늘 몸 상태가 어떻습니까?
2. 엘레나 씨는 어제 병원에 갔습니까?

여러분은 아플 때 어떻게 합니까?

대화를 만드세요.

상황 1 음식을 잘못 먹어서 배탈이 난 상황의 대화

상황 2 운동을 하다가 다리를 다친 상황의 대화

활동

읽어 보세요.

환절기 건강, 이렇게 챙기자!

무더운 여름이 끝나고 아침저녁으로 쌀쌀한 바람이 부는 가을 환절기에는 건강에 신경 써야 합니다. 일교차가 큰 환절기에는 여러 가지 병에 걸릴 수 있기 때문입니다.

환절기에는 감기에 걸리기 쉽습니다. 목이 잠기거나 기침이 많이 날 때는 물을 자주 마시는 것이 좋습니다. 그리고 손을 자주 씻으면 감기를 예방할 수 있습니다. 특히 알레르기가 있는 사람은 환절기에 조심해야 합니다. 알레르기 증상이 심하면 외출을 하지 않는 것이 좋습니다. 꼭 외출을 해야 할 때는 마스크를 쓰면 도움이 됩니다. 또한, 환절기의 건조한 바람 때문에 피부가 가려울 수도 있습니다. 이때 피부를 긁으면 더 안 좋아질 수 있으니까 조심해야 합니다.

환절기에 건강하게 지내기 위해서는 7~8시간 정도 잠을 충분히 자고 균형 있는 식사를 하면서 규칙적으로 운동을 하는 것이 가장 중요합니다.

1. 환절기에 건강을 생각해야 하는 이유는 무엇입니까?

2. 감기를 예방할 수 있는 방법은 무엇입니까?

3. 환절기에 나타날 수 있는 증상에는 무엇이 있습니까?

4. 환절기 건강을 위해 가장 중요한 것은 무엇입니까?

- 생각하는 좋은 건강관리 방법에 대해 이야기해 보세요.

발음 Tip

ㅎ 발음 2

한국어의 'ㅎ'은 '하늘'[하늘]과 같이 단어의 처음에 올 때만 자기 소리가 납니다. 'ㅎ'이 받침으로 오고 뒤에 'ㅅ'이 오는 경우에는 'ㅅ'을 [ㅆ]으로 발음합니다. 이때 'ㅎ'는 발음하지 않고 탈락합니다.

닿소[다쏘]　　넣소[너쏘]　　놓소[노쏘]

'ㅎ'이 다른 소림와 함께 겹받침으로 오고 뒤에 'ㅅ'이 오는 경우에도 'ㅅ'을 [ㅆ]으로 발음합니다. 이때 겹받침에서 'ㅎ'은 발음하지 않고 다른 소리만 남아 발음합니다.

많소[만쏘]　　않소[안쏘]　　싫소[실쏘]

확인 점검

건강 상태와 관련된 단어를 알고 이해할 수 있다.	☐	☐	☐
건강 상태를 확인할 수 있다.	☐	☐	☐

13 미용과 화장

학습 목표	미용과 화장 경험에 대해 말할 수 있다.
주제	미용과 화장
어휘와 표현	미용과 화장 관련 어휘와 표현
문법	-(으니까), -(으)ㄴ/는 만큼

사람들은 미용실에서 무엇을 합니까?

미용이나 화장을 해 본 경험에 대해 말해 봅시다.

어휘 · 표현

알아보세요.

미용과 화장

입술을 바르다

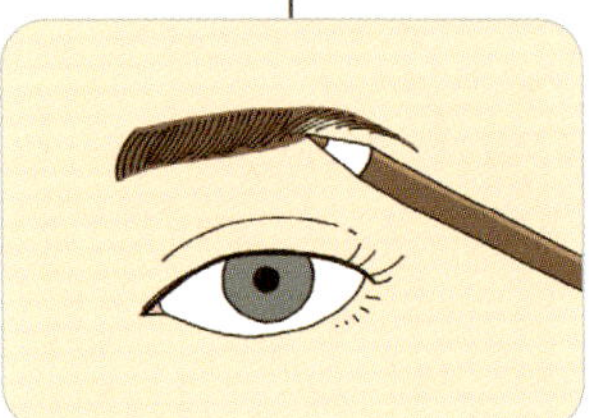

눈썹을 그리다

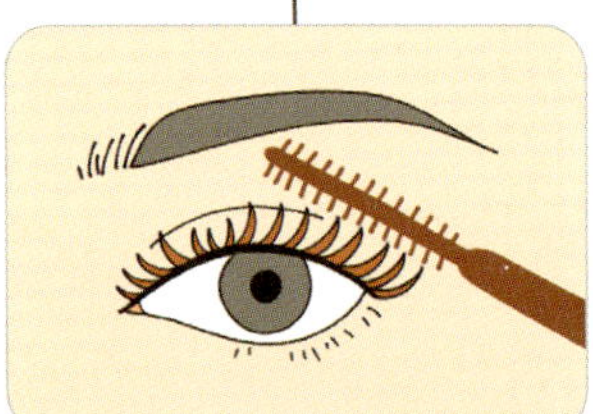

속눈썹을 올리다

펴 바르다

화장을 하다

수정하다

지우다

지속력

번지다

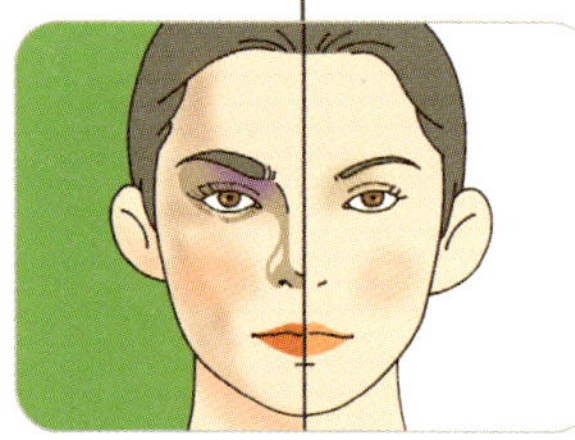

진하다

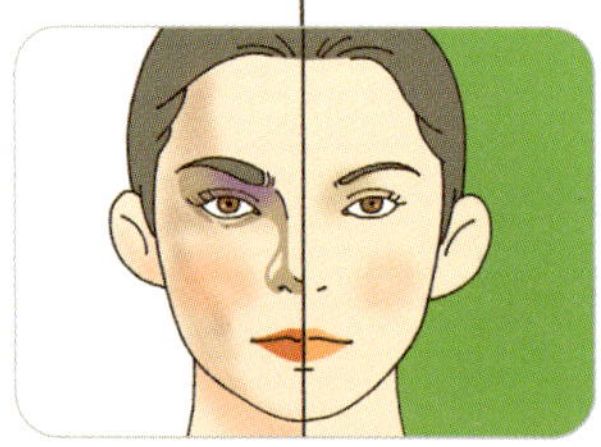

연하다

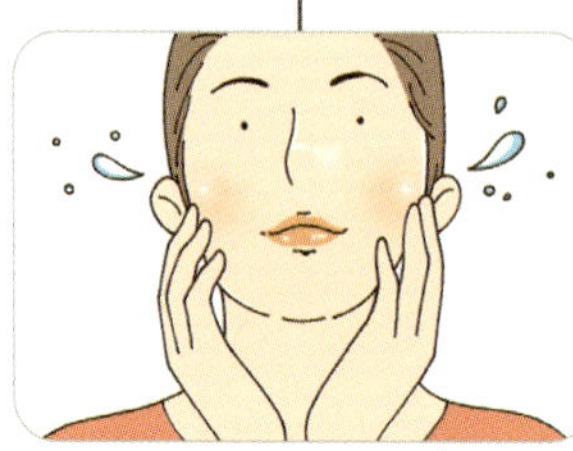

촉촉하다

연결하세요.

미용 •		• 어떤 상태를 지속하는 힘
지속력 •		• 잘못된 것을 고쳐서 바르게 하는 것
수정하다 •		• 아름답게 보이려고 얼굴이나 머리를 꾸미는 것

빈칸에 알맞은 표현을 채우세요.

1. 오늘 행사가 있어서 ________________을/를 했어요.

2. 화장할 때 눈썹을 ________________ 것이 어려워요.

3. 땀을 흘려서 화장이 ________________ 걱정이에요.

4. 아침에 화장을 해서 저녁 행사 전에 조금 ________________ 될 것 같아요.

빈칸에 알맞은 표현을 채워 대화를 완성하세요.

1. 가: 화장이 진하지 않고 ________________번지지 않을 거예요.

나: 다행이에요. 속눈썹도 ________________ 봤는데 어때요?

2. 가: 입술에 ________________ 제품은 어디 거예요? 색이 예쁘네요.

나: 고마워요. 새로 나온 제품인데 ________________이/가 좋아서 밥을 먹어도 안 지워져요.

문법 1

-(으)니까

● 동사에 붙어 앞의 행동을 해서 뒤의 사실을 발견하게 될 때 사용한다.

가: 가방 새로 샀어요? 예쁘네요.
나: 어제 백화점에 가니까 세일을 하더라고요.

가: 제주도는 어땠어요?
나: 직접 가 보니까 풍경이 정말 아름답더라고요.

- 일어나니까 밤이었어요.
- 학교에 오니까 아무도 없었어요.

동사	받침 O	-으니까	먹으니까
	받침 X	-니까	가니까
	ㄹ 받침		사니까

문장을 만드세요.

보기 아침 / 교실 / 아무도 없다

➡ 아침에 교실에 오니까 아무도 없었어요.

1. 맵다 / 음식 / 눈물이 나다

➡ ______________________.

2. 지하철 / 타다 / 아주 편하다

➡ ______________________.

대화를 만드세요.

보기 가: 고향에 오랜만에 다녀왔지요?

나: 네, 오랜만에 고향에 가니까 정말 많이 변했더라고요.

1. 가: 한국어 공부한 지 1년이 됐지요? 어때요?

나: 한국어를 ______________________.

2. 가: 한국 화장품을 써 봤어요? 어때요?

나: 한국 화장품을 ______________________.

다음 밑줄 친 부분에 가장 알맞은 것을 고르세요.

보기 가: 무슨 일 있어요? 얼굴 색이 어두워요.

나: ______________ 부모님이 보고 싶어졌어요.

① 부모님하고 전화하니까
② 부모님하고 전화하는 데다가
③ 부모님하고 전화할 리가 없는데
④ 부모님하고 전화할 지도 모르는데

문법 2

-(으)ㄴ/는 만큼

● 동사나 형용사에 붙어 뒤의 내용이 앞과 비슷한 정도나 수량임을 나타낼 때 사용한다.

가: 아이들이 밥은 잘 먹지요?
나: 아니요. 또래 애들이 먹는 만큼 먹으면 좋은데 잘 안 먹어서 걱정이에요.

가: 한국 여름이 어때요? 많이 덥지요?
나: 제 고향의 여름이 더운 만큼은 아닌 것 같아요.

- 열심히 노력한 만큼 분명 좋은 결과가 있을 거예요.
- 혜윤 씨는 얼굴이 예쁜 만큼 마음도 예뻐요.

동사	-는 만큼		좋아하는 만큼
형용사	받침 O	-은 만큼	많은 만큼
	받침 X	-ㄴ 만큼	예쁜 만큼
	ㄹ 받침		만든 만큼

tip

과거는 '-은/ㄴ 만큼'의 형태로 사용되며, 미래는 '-을 만큼'의 형태로 사용된다.
- 내가 기다린 만큼 너는 기다릴 수 없을 거야.
- 간식은 먹을 만큼만 싸 오세요.

과거 '-었-', 미래·추측의 '-겠-'과 결합하지 않는다.
- 민수가 공부했는 만큼 나도 공부했어. (x)
- 민수가 노력하겠는 만큼 나도 노력할 거야. (x)

'V을 만큼 V'의 구성으로 관용적으로 사용하기도 한다.
- 저도 참을 만큼 참았어요.
- 저도 나이 먹을 만큼 먹었는데, 왜 저한테 반말하세요?

'N만큼'으로 명사와 함께 쓰여 앞 말과 비슷한 정도임을 나타낼 수 있다. 이때 '만큼'은 조사로 명사에 붙여 쓴다.
- 나도 언니만큼 키가 크고 싶어요.
- 저도 민수만큼 공부를 잘하고 싶어요.

문장을 만드세요.

보기 노력하다 / 좋은 결과 / 있다

➡ 노력하는 만큼 좋은 결과가 있을 거예요.

1. 책 / 읽다 / 새로운 것 / 알다

➡ ______________________________.

2. 관심 / 많다 / 질문 / 많다

➡ ______________________________.

대화를 만드세요.

보기 가: 이번에 고향에서 두 달이나 있기로 한 거예요?

나: 네, 오랜만에 고향에 가는 만큼 고향에서 시간을 보내고 싶어서요.

1. 가: 이번에 시험을 잘 본 거 축하해요.

나: 네, ______________________ 결과가 나온 것 같아서 기분이 좋아요.

2. 가: 밥통에 밥이 얼마나 있는지 봐 줄래요?

나: 두 사람이 ______________________ 새로 밥을 할까요?

다음 밑줄 친 부분에 가장 알맞은 것을 고르세요.

보기 가: 내일 중요한 경기를 앞두고 있는데 한 말씀 해주시지요.

나: 우리가 그동안 ______________________ 하면 경기에서 좋은 결과를 얻을 수 있을 것입니다.

① 연습을 해도 ② 연습해 놓고

③ 연습한 만큼만 ④ 연습할 만큼만

대화를 잘 들으세요.

김윤서 엘레나 씨, 이제 조금 있으면 미용사 자격증 실기 시험 보지요?

엘레나 네, 반 친구들이 잘 도와줘서 연습하고 있어요. 꼭 한 번에 따면 좋겠어요.

김윤서 네, 노력한 만큼 분명 좋은 결과가 있을 거예요.
그런데 엘레나 씨는 언제부터 미용에 관심을 갖게 됐나요?

엘레나 고향에 있을 때 한국 드라마를 봤는데 주인공들이 너무 예쁘게 나오더라고요. 자연스러운 화장이 특히 좋아 보였어요.

김윤서 한국에 직접 와서 보니까 어때요?

엘레나 화장 기술뿐만 아니라 화장품 종류도 다양하고 미용 산업이 발달한 것 같아요.

김윤서 엘레나 씨 이제 전문가가 다 되었군요.

엘레나 아니에요. 미용을 공부해 보니까 알아야 할 게 정말 많은 것 같아요.

김윤서 저도 나중에 엘레나 씨한테 화장을 꼭 한번 받아 보고 싶네요.

엘레나 네, 제가 자격증 따면 선생님께 제일 먼저 해 드릴게요.

질문에 대답하세요.

1. 엘레나 씨는 무슨 자격증을 따고 싶어합니까?
2. 엘레나 씨는 한국 미용 산업에 대해 어떻게 생각합니까?

여러분은 어떤 자격증을 따고 싶습니까?

대화를 만드세요.

상황 1 네일아트 자격증에 대한 대화

상황 2 메이크업 자격증에 대한 대화

활동

읽어 보세요.

K-뷰티, 세계의 시선을 모으다

최근 한국 화장품이 세계적으로 주목받고 있습니다. 몇 년 전부터 한국 드라마의 인기 배우와 K-pop 아이돌들이 K-뷰티 제품을 사용하면서 전 세계 팬들에게 한국 화장품을 알리기 시작했습니다.

K-뷰티 열풍은 아시아를 넘어 미국과 유럽까지 이어지고 있습니다. 2023년 7월 기준으로 미국 화장품 시장에서는 한국 화장품의 비중이 20.1%로 1위를 차지했고 유럽의 여러 나라에서는 50% 정도를 차지하는 곳도 많습니다.

K-뷰티의 인기 비결은 한류 문화의 영향도 있지만 뛰어난 한국 화장품의 품질 때문이기도 합니다. 특히 코로나19 이후 전 세계적으로 깨끗한 피부에 대한 관심이 높아지면서 한국의 피부관리 제품이 좋은 평가를 받고 있습니다.

1. 누가 K-뷰티 제품을 알리기 시작했습니까?

2. K-뷰티는 어느 나라에서 인기가 많습니까?

3. K-뷰티가 인기가 많은 이유는 무엇입니까?

4. K-뷰티 제품 중에 최근에 특히 좋은 평가를 받는 것은 무엇입니까?

● K-뷰티 제품에 대한 여러분의 생각을 이야기해 보세요.

발음 Tip

ㅎ 발음 3

한국어의 'ㅎ'은 '하늘'[하늘]과 같이 단어의 처음에 올 때만 자기 소리가 납니다.

'ㅎ'이 받침으로 오고 뒤에 'ㄴ'이 올 때는 'ㅎ'을 [ㄴ]으로 발음합니다.

놓는**[논는]** 닿는**[단는]** 좋네요**[존네요]**

받침 'ㄶ' 뒤에 'ㄴ'이 올 때는 'ㅎ'을 발음하지 않습니다.

않네**[안네]** 않는**[안는]**

받침 'ㅀ' 뒤에 'ㄴ'이 올 때는 'ㅎ'을 발음하지 않고 받침 'ㄹ'과 뒤에 오는 'ㄴ'이 만나 [ㄹㄹ]로 발음합니다.

뚫는[뚤는 → 뚤른] 잃는**[일는 → 일른]**

확인 점검

미용과 화장 관련 단어를 알고 이해할 수 있다.	☐	☐	☐
미용과 화장 방법에 대해 말할 수 있다.	☐	☐	☐

14 합격

학습 목표	나만의 합격 비결을 말할 수 있다.
주제	시험 합격
어휘와 표현	합격 관련 어휘와 표현
문법	-다면서요?, -적

중요한 시험이 있는 사람에게 무엇을 선물합니까?

시험에 합격하기 위해 노력한 경험에 대해 말해 봅시다.

어휘 · 표현

알아보세요.

합격

필기시험

도전하다

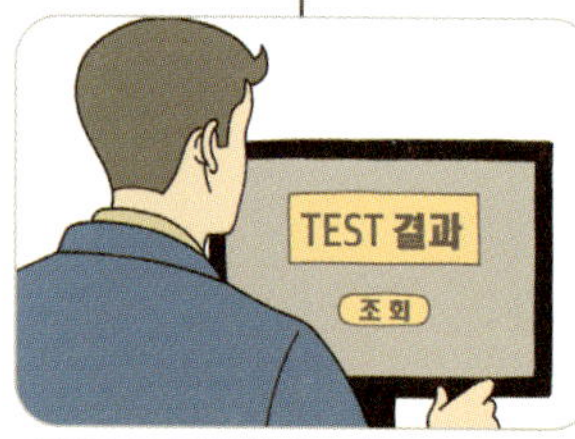

조회하다

실기시험

긴장되다

결과가 나오다

한 번에 붙다

떨어지다

비결

실망하다

기분이 날아갈 듯하다

연결하세요.

비결 •	• 내용이 맞는지 관계되는 기관에 알아보다
필기시험 •	• 시험 답을 글로 써서 치는 시험 종류
조회하다 •	• 다른 사람은 모르는 자기만의 뛰어난 방법

빈칸에 알맞은 표현을 채우세요.

1. 시험에 ________________ 걱정이에요.

2. 열심히 준비했으니까 좋은 ________________ 거예요.

3. TOPIK 시험이 어렵지만 한번 ________________ 보고 싶어요.

4. 다음에는 꼭 합격할 거예요. 너무 ________________ 마세요.

빈칸에 알맞은 표현을 채워 대화를 완성하세요.

1. 가: 필기시험은 합격했으니까 이제 ________________이/가 남았지요?

나: 네. 다음 주에 보는데 너무 ________________.

가: 시험에 합격하면 어떨 것 같아요?

나: 상상만 해도 좋네요. 합격하면 기분이 ________________________.

2. 가: 엘레나 씨, 컴퓨터로 무엇을 보고 있어요?

나: 아, 오늘이 ________________ 발표 날이라서요.

가: 컴퓨터로 결과를 ________________ 있는 거군요. 이번이 처음 보는 거라고 했지요.

나: 네, 꼭 ________________면 좋겠어요!

문법 1

-다면서(요)?

● 동사나 형용사에 붙어 다른 사람에게 들은 내용을 상대방에게 물어서 확인할 때에 사용한다. 주로 구어에서 사용한다.

가: 다카시 씨, 내일 한국에 간다면서요?
나: 네. 고향에서 친구 결혼식이 있어서요.

가: 저 두 사람 사귀는 사이라면서요?
나: 네, 그렇대요. 어쩐지 두 사람이 요즘 자주 같이 다니더라고요.

- 노래를 잘 부른다면서요?
- 어제 고향에서 부모님이 오셨다면서요?

동사	받침 O	-는다면서(요)?	먹는다면서(요)?
	받침 X	-ㄴ다면서(요)?	간다면서(요)?
	ㄹ 받침		만든다면서(요)?
형용사		-다면서(요)?	좋다면서(요)?
명사	받침 O	이라면서(요)?	유행이라면서(요)?
	받침 X	라면서(요)?	배우라면서(요)?
과거		-었/았/였다면서(요)?	먹었다면서(요)?
미래		-(으)ㄹ 거라면서(요)?	먹을 거라면서(요)?

문장을 만드세요.

보기 "사이버외대가 한국어를 잘 가르쳐요."

➡ 사이버외대가 한국어를 잘 가르친다면서요?

1. "한국 사람들은 야구를 좋아해요."

➡ ______

2. "에릭 씨가 시험에 합격했어요."

➡ ______

대화를 만드세요.

보기 가: (감기, 걸렸다) 감기에 걸렸다면서요?

나: 네, 그래서 학교에 못 갔어요.

1. 가: (이번 시험, 어렵다) ______

나: 아니요. 누구한테 들었어요? 열심히 공부하면 쉬울 거예요.

2. 가: (내일, 면접) ______

나: 어떻게 알았어요? 그래서 너무 긴장돼요.

다음 밑줄 친 부분에 가장 알맞은 것을 고르세요.

보기 가: 다카시 씨, 어려운 시험에 ______?

나: 네, 열심히 고생한 만큼 좋은 결과가 나와서 정말 기뻐요.

① 합격한다면서요 ② 합격했다면서요

③ 합격하라면서요 ④ 합격할 거라면서요

-적

● 명사에 붙어 앞 말의 특징이나 조건을 가지고 있음을 나타낼 때 사용한다.

가: 한국의 대표적인 음식은 뭐예요?
나: 한국의 대표적인 음식은 김치입니다.

가: 다카시 씨는 모든 일에 적극적인 것 같아요.
나: 네, 또 성격이 외향적이라서 사람도 잘 사귀는 것 같아요.

- 이기적인 직원 한 명 때문에 회사 생활이 힘들어요.
- 모든 일을 긍정적으로 생각하면 좋을 것 같아요.

tip **-적 뒤에 오는 말에 따라서 '-적인 N', '-적으로 V'의 형태로 쓰인다.**
- 긍정적인 생각이 중요하다.
- 긍정적으로 생각하는 것이 중요하다.

적극적	소극적	긍정적	부정적
이성적	감성적	외향적	내성적
개인적	이기적	대표적	효과적

문장을 만드세요.

보기 한국 / 대표 / 음식 / 김치

➡ 한국의 대표적인 음식은 김치입니다 ______.

1. 제주도 / 한국 / 대표 / 관광지

➡ ______________________________.

2. 다카시 씨 / 적극 / 성격

➡ ______________________________.

대화를 만드세요.

보기 가: 한국어를 배우는 효과적인 방법이 있을까요?

나: 네, 온라인으로 한국어 수업을 들어 보세요.

1. 가: 민수 씨는 조용한 사람인 것 같아요.

   나: 네, 성격이 ______________ 혼자 있는 것을 좋아한대요.

2. 가: 저, 성적을 잘 받고 싶은데 좋은 방법이 없을까요?

   나: 그러면 수업 시간에 ______________ 발표를 하세요.

다음 밑줄 친 부분에 가장 알맞은 것을 고르세요.

보기 가: 우리 부서의 민수 씨는 자기밖에 모르는 것 같아요.

나: 맞아요. 항상 ______________ 행동하니까

동료들도 안 좋아하는 것 같아요.

① 이기적으로　② 이성적으로

③ 이색적으로　④ 대표적으로

대화를 잘 들으세요.

이서준 엘레나 씨, 좋은 일이 있다면서요?

엘레나 네, 저 지난주에 미용사 자격증 시험에 합격했어요.

이서준 정말 축하해요. 그런데 합격 비결이 뭐예요? 제 조카도 그 시험을 준비하고 있거든요.

엘레나 무엇보다 할 수 있다는 긍정적인 마음이 중요한 것 같아요. 그리고 규칙적으로 시간을 정해 놓고 실기 연습을 한 것이 도움이 됐어요.

이서준 그렇군요. 한국어 공부도 미용도 적극적으로 하는 모습이 보기 좋네요.

엘레나 이제 시작인데요. 더 열심히 해야지요.

이서준 시험도 합격했고 좋은 정보도 들었으니까 제가 치킨 살게요.

엘레나 네, 정말이요?

이서준 지난번에 시험에 합격하면 맛있는 것 사달라면서요?

엘레나 농담으로 한 말이었는데 기억하고 계셨군요. 정말 감동이에요.

질문에 대답하세요.

1. 엘레나 씨의 합격 비결은 무엇입니까?

2. 선생님과 엘레나 씨는 왜 치킨을 먹습니까?

여러분은 시험에 합격한 친구에게 어떤 말을 해 주고 싶습니까?

대화를 만드세요.

상황 1 TOPIK 4급 합격에 대한 대화

상황 2 컴퓨터 자격증 합격에 대한 대화

이야기해 보세요.

1. 어려운 일이었지만 성공적으로 해낸 경험이 있습니까?

2. 언제, 무슨 일이었습니까?

3. 그 일에서 성공하기 위한 나만의 비결이 있었습니까?

4. 어려움을 이기고 성공한 경험에 대해 이야기해 보세요. 나만의 비결을 함께 말해 보세요.

발음 Tip

ㅎ 발음 4

한국어의 'ㅎ'은 '하늘'[하늘]과 같이 단어의 처음에 올 때만 자기 소리가 납니다.

'ㅎ'이 받침으로 오고 뒤에 모음으로 시작되는 말이 오면 'ㅎ'을 발음하지 않습니다.

놓아[노아]　　좋은[조은]　　쌓이다[싸이다]

받침 'ㄶ, ㅀ' 뒤에 모음으로 시작되는 말이 오면 'ㅎ'을 발음하지 않고 받침을 모음에 연결해서 발음합니다.

않은[아는]　　닳아[다라]　　싫어도[시러도]

확인 점검

시험 합격 관련 단어를 알고 이해할 수 있다.	☐	☐	☐
시험 합격 비결을 말할 수 있다.	☐	☐	☐

15 문화와 복습 2

학습 목표 한국의 여가 문화에 대해 알 수 있다.

여러분은 주로 어디에서 여가 시간을 보냅니까?

한국의 여가 문화에 대해서 듣거나 본 것에 대해 이야기해 봅시다.

문화

읽어 보세요.

한국 드라마를 즐겨 본 사람이라면 찜질방이나 한강공원을 한 번쯤 본 적이 있을 것입니다. 이 두 장소는 한국 드라마와 영화에 자주 등장하는 배경일 뿐 아니라, 실제로도 한국인들이 일상에서 즐겨 찾는 대표적인 여가 공간입니다. 찜질방과 한강공원은 단순한 쉼터를 넘어, 그곳에서만 즐길 수 있는 음식과 문화가 어우러지는 특별한 공간입니다.

찜질방은 피로를 풀고 몸을 재충전하는 공간으로, 남녀노소 많은 사람들에게 사랑받는 곳입니다. 찜질방에 가면 꼭 먹어야 하는 음식이 있는데 바로 식혜와 삶은 달걀입니다. 식혜는 시원하고 달콤한 전통 음료로, 찜질을 한 후에 마시면 아주 시원하고 상쾌합니다. 이때 삶은 달걀을 탁 깨서 함께 먹으면 맛과 재미가 더해집니다. 독특한 음식 문화와 함께 찜질방에서 흔히 볼 수 있는 양머리 모자도 빼놓을 수 없는 즐거움입니다. 수건을 양머리 모양으로 접어 머리에 쓰고 찜질을 즐기는 것은 한국 찜질방의 독특한 풍경으로 소소한 재미를 느끼게 합니다.

한강공원은 서울 도심 속에서 자연과 함께 여유를 즐길 수 있는 최고의 장소입니다. 날씨가 따뜻해지면 한강공원에는 피크닉을 즐기러 온 사람들로 가득 차는데, 그중에서도 특히 인기가 많은 음식이 바로 '치맥'과 '한강라면'입니다. 치맥은 '치킨'과 '맥주'를 함께 먹는 한국의 대표적인 야외 음식 문화로, 한강을 바라보면서 시원한 맥주와 바삭한 치킨을 먹으면 스트레스가 날아갑니다. 또한, 편의점에서 즉석으로 끓여 먹는 '한강라면'은 평소에 먹는 라면과는 다른 특별한 맛과 즐거움을 줍니다.

한강공원에서는 많은 사람이 자전거를 타거나 조깅을 합니다. 잘 만들어진 자전거 도로나 달리기 코스를 따라 한강의 시원한 바람을 맞으며 달리면 자연 속에서 느낄 수 있는 여유를 만끽할 수 있습니다. 많은 사람들이 가족, 친구, 연인과 함께 자전거를 타거나 조깅을 하며 한강의 아름다운 풍경을 감상하는 모습을 볼 수 있습니다.

이처럼 찜질방과 한강공원은 한국인의 일상에서 중요한 여가 공간으로 자리 잡고 있습니다. 서로 다른 매력과 즐거움을 지닌 이 두 장소는 누구나 함께 즐기며 소소한 행복과 특별한 추억을 쌓을 수 있는 곳입니다.

질문에 대답하세요.

1. 찜질방에서 즐길 수 있는 것에는 무엇이 있습니까?

2. 많은 한국 사람들이 한강공원을 찾는 이유는 무엇입니까?

여러분 나라에서 인기 있는 여가 장소를 소개해 보세요.

복습

다음 문제를 풀어 보세요.

※ [1~10] 다음 (　　)에 알맞은 것을 고르십시오.

1. 일할 때 서로의 의견이 맞지 않으면 (　　　　)이 생기기도 한다.

① 갈등　② 소통　③ 적응　④ 해결

2. 윤서는 오전에는 일을 하고 저녁에는 학업도 (　　　　)고 있다.

① 병행하다　② 포기하다　③ 기원하다　④ 조회하다

3. 졸업 이후로 민수와 연락이 (　　　　) 어떻게 지내는지 모른다.

① 닿아서　② 전해서　③ 끊겨서　④ 떠올려서

4. 어려운 문제를 해결하고 나니까 모든 일이 (　　　　) 진행되었다.

① 원활하게　② 존중하게　③ 충분하게　④ 친절하게

5. 민수는 멀리 있는 지미가 들을 수 있게 (　　　　) 소리쳤다.

① 미리　② 실컷　③ 자꾸　④ 힘껏

6. 먼저 입사한 회사 (　　　　)들이 신입사원에게 일을 가르쳐 준다.

① 동료　② 부서　③ 선배　④ 후배

7. 아침저녁으로 온도 차가 심한 (　　　　)에는 감기를 조심해야 한다.

① 장마　② 추위　③ 무더위　④ 환절기

8. 시험 전날은 (　　　　) 말고 일찍 자는 것이 좋다.

① 막히지　② 저리지　③ 무리하지　④ 회복하지

9. 내일까지 프로젝트 제안서 마감이라 오늘은 밤을 (　　　　) 한다.

① 다해야　② 새워야　③ 쪼개야　④ 잠겨야

10. 감기 증상이 (   ) 때는 약을 먹고 쉬는 게 제일이다.

① 심할 ② 가려울 ③ 따가울 ④ 어지러울

※ [11~12] 다음 밑줄 친 부분과 의미가 비슷한 것을 고르십시오.

11. 합격자 발표를 앞두고 너무 떨려서 잠이 오지 않는다.

① 긴장돼서 ② 떨어져서 ③ 도전해서 ④ 실망해서

12. 민수는 윤서에게 합격을 위한 특별한 방법이 있는지 물었다.

① 발표 ② 비결 ③ 순서 ④ 필기

※ [13~14] 다음 밑줄 친 부분과 의미가 반대인 것을 고르십시오.

13. 회사 면접을 보러 갈 때 화장을 진하게 하면 좋지 않다.

① 번지게 ② 연하게 ③ 지속하게 ④ 촉촉하게

14. 열심히 공부했으니까 이번에는 꼭 시험에 붙으면 좋겠다.

① 미역국을 먹다 ② 결과가 나오다
③ 두 마리 토끼를 잡다 ④ 눈코 뜰 새가 없다

※ [15~20] 다음 (   )에 알맞은 것을 고르십시오.

15. 가: 새로 이사한 집은 어때요?
나: 밖으로 보이는 (   ) 근처에 공원도 있어서 좋아요.

① 경치가 아름답자마자 ② 경치가 아름다운 데다가
③ 경치가 아름다울 만하고 ④ 경치가 아름다울 리 없고

16. 가: 우산 가지고 왔어요? 밖에 비가 많이 오네요.
나: 아침에 고민하다가 그냥 나왔어요. 우산을 (   ).

① 가지고 왔거든요. ② 가지고 올 걸 그랬어요.
③ 가지고 오는 것 같았아요. ④ 가지고 오려면 멀었어요.

복습

17. 가: 홈페이지에 장학금을 신청하라는 공지가 나왔다고 해요.
나: 그래요? 저도 (　　　　　　　　).

① 확인할 뻔했어요.　② 확인하더라고요.
③ 확인해 봐야겠어요.　④ 확인하지 그랬어요?

18. 가: 지난주보다 비행기 표가 더 비싸졌어요.
나: 그러니까 지난주에 비행기 표를 (　　　　　　　　).

① 사 놓지 그랬어요?　② 가격이 싸더라고요.
③ 예매할 리가 없어요.　④ 좌석이 지금 없어요?

19. 가: 다카시 씨, 인사동에 (　　　　　　　　) 어때요?
나: 전통찻집도 많고 분위기가 한국적이었어요.

① 가 보는데　② 가 보니까
③ 가 보자마자　④ 가 보느라고

20. 가: (　　　　　　　　)? 병원에는 갔다 왔어요? 집에서 쉬지 왜 회사에 나왔어요?
나: 네, 약을 먹고 좀 괜찮아졌어요. 걱정해 줘서 고마워요.

① 아프다면서요　② 고맙다면서요
③ 식사를 한다면서요　④ 걱정을 했다면서요

※ [21~22] 다음 밑줄 친 부분과 의미가 비슷한 것을 고르십시오.

21. 가: 웬 우산이에요? 오늘 비 온다고 했어요?
나: 하늘이 흐려서요. 이따가 비가 올지도 몰라서 가지고 왔어요.

① 비가 올까 봐　② 비가 올 만해서
③ 비가 오는 중이라서　④ 비가 올 리가 없지만

22. 가: 에취! 계속 기침이 심해지는 것 같아 걱정이야.
나: 내가 병원에 가라고 했잖아. 지금이라도 병원에 가지 그래?

① 간다니?　② 가지 그랬네.
③ 가는 게 어때?　④ 갈 걸 그랬어.

※ [23~24] 다음 밑줄 친 부분이 틀린 것을 고르십시오.

23. ① 민수에 따라서 문제가 잘 해결되었다.
② 계절에 따라서 사람들의 옷차림이 달라진다.
③ 무엇을 먹느냐에 따라서 장소가 결정될 것이다.
④ 지역에 따라서 문화와 생활 방식에 차이가 난다.

24. ① 제 동생은 아무리 슬퍼도 절대 울지 않아요.
② 한국어 공부가 아무리 재미있는지도 모를 거예요.
③ 작년부터 아무리 공부해도 성적이 오르지 않아요.
④ 이 게임은 아무리 웃겨도 웃으면 내기에서 지는 거예요.

※ [25~26] 다음을 읽고 물음에 답하십시오.

가: 윤서 씨, 요즘 남자친구와는 자주 만나요?
나: 민수 씨, 그런 (㉠) 질문은 하지 말아 주세요.
가: 네, 미안해요. 그런데 윤서 씨 식당에 손님이 진짜 많네요.
나: 네, 바쁠 때는 (㉡) 손님이 계속 들어와요.

25. ㉠에 알맞은 것을 고르십시오.

① 개인적인 ② 비교적인 ③ 외향적인 ④ 효과적인

26. ㉡에 알맞은 것을 고르십시오.

① 장사가 잘 안될까 봐 ② 장사를 계속 하느라고
③ 쉴 시간이 있는 데다가 ④ 숨 돌릴 틈도 없을 만큼

16 종합 연습

◎ 다음 문제를 풀어 보세요.

※ [1~5] 다음 (　　)에 알맞은 것을 고르십시오.

1. 깜빡하고 가스불을 (　　　　　) 나와서 다시 집에 갔다.

① 켜 내고　② 켜 보고　③ 켜 두고　④ 켜 찾고

2. 이번 감기는 약을 (　　　　　) 잘 낫지 않는다.

① 먹으면　② 먹어도　③ 먹기는　④ 먹으니까

3. 이번 시험은 문제가 (　　　　　) 시간이 부족했다.

① 어려웠지만　② 어려운 데다가　③ 어렵기는 해도　④ 어렵기에 따라서

4. 이번 일을 (　　　　　) 여러 사람이 고생했다.

① 끝내도　② 끝냈다니　③ 끝내느라고　④ 끝낼 리 없이

5. 후회가 남지 않게 다음 시합에는 최선을 (　　　　　　　　　).

① 다해야겠다　② 다할 걸 그랬다　③ 다하지 그랬다　④ 다할 줄 몰랐다

※ [6~10] 밑줄 친 부분과 의미가 가장 비슷한 것을 고르십시오.

6. 비행기에서 <u>내리자마자</u> 부모님께 전화를 드려야 한다.

① 내리더라도　② 내리는 대로
③ 내리기 위해서　④ 내리는 대신에

7. 민수는 항상 열심히 노력하기 때문에 장학금을 받을 만했다.

① 받으면 안 된다. ② 받으면 좋겠다.
③ 받을 줄 몰랐다. ④ 받는 것이 당연하다.

8. 지미는 절대 약속을 잊어버릴 사람이 아니다.

① 잊어버렸을 것이다 ② 잊어버릴 것 그랬다
③ 잊어버렸을 리가 없다 ④ 잊어버린 것이 분명하다

9. 언니가 나한테 시험 전에 공부를 좀 하지 그랬냐고 했다.

① 공부를 해도 좋다고 ② 공부를 왜 안 했냐고
③ 공부한 것을 후회하냐고 ④ 이제 공부를 좀 하라고

10. 과장님께서 나에게 무리하지 말고 좀 쉬지 그러냐고 하셨다.

① 쉬러 가자고 ② 쉴 리가 없다고
③ 쉴지도 모른다고 ④ 쉬는 게 어떠냐고

※ [11~14] 다음은 무엇에 대한 글인지 고르십시오.

11.

깨끗한 피부! 달라진 나!
써 보면 바로 느낄 수 있어요.

① 칫솔 ② 안경 ③ 세제 ④ 화장품

12.

다음은 우리 아이가 노벨 문학상!
아이에게 독서를 선물하세요.

① 서점 ② 은행 ③ 유치원 ④ 우체국

종합 연습

13.

일주일에 세 번! 30분 걷기!
세 달이면 우리 몸이 달라집니다.

① 건강 관리　② 안전 운전　③ 전화 예절　④ 절약 습관

14.

- 면접 30분 전에 도착하기 바랍니다.
- 휴대폰은 가지고 들어갈 수 없습니다.

① 관람 규칙　② 사용 방법　③ 제품 소개　④ 주의 사항

※ [15-16] 다음 글 또는 그래프의 내용과 같은 것을 고르십시오.

15.

인주시 관광 버스 안내

인주시의 아름다움을 편하게 즐겨 보세요.

- 관광 장소 : 인주역 광장 출발 → 인주 시장 → 인주 기차공원
- 출발 시간 : 매일 9시~12시, 1시간마다 출발
- 이용 요금 : 성인 5,000원 / 학생 2,000원(7세 이하 무료)
- 이용 방법 : 출발 1일 전까지 인주 관광 앱으로 예약

① 인주역 광장에서 표를 살 수 있다.
② 이 버스는 인주 시장에서 출발한다.
③ 성인과 학생의 버스 요금이 다르다.
④ 이 버스는 하루에 한 번만 운행한다.

16.

인주시는 다음 달부터 찾아가는 도서관을 운영한다. 대형 버스를 도서관으로 만든 찾아가는 도서관은 오전 9시부터 오후 6시까지 운행된다. 평일에는 여러 지역을 직접 방문해 주민들이 쉽게 책을 빌리고 반납할 수 있게 한다. 그리고 주말에는 인주역 광장에서 도서관을 운영한다. 인주시 주민이면 누구나 찾아가는 도서관에서 한 달에 3권을 2주 동안 빌릴 수 있다.

① 이 서비스는 지난달부터 운영을 시작했다.
② 관광객이면 누구나 이 시설을 이용할 수 있다.
③ 이 서비스는 평일과 주말에 다른 장소에서 운영된다.
④ 찾아가는 도서관에서 빌린 책은 한 달 동안 볼 수 있다.

※ [17-18] 다음을 순서에 맞게 배열한 것을 고르십시오.

17.

(가) 그냥 기다리지 않고 먼저 빌릴 수 있어 인기가 좋다.
(나) 보고 싶은 책을 다른 사람이 빌려 가서 없을 때가 있다.
(다) 책이 반납되면 알림이 오고 정해진 기간 내에 대출할 수 있다.
(라) 반납되는 날짜를 모를 때 예약 서비스를 이용할 수 있다.

① (나)-(다)-(가)-(라)　　② (나)-(라)-(다)-(가)
③ (라)-(가)-(나)-(다)　　④ (라)-(다)-(가)-(나)

18.

(가) 처음에는 귀찮았지만 어느새 습관이 들었다.
(나) 문득 작년부터 감기에 걸린 적이 없다는 것을 깨달았다.
(다) 환절기만 되면 나는 감기를 달고 살았다.
(라) 친구는 매일 아침 따뜻한 차를 마셔 보라고 했다.

① (가)-(나)-(다)-(라)　　② (가)-(다)-(라)-(나)
③ (다)-(라)-(가)-(나)　　④ (다)-(나)-(라)-(가)

※ [19-20] (　　)에 들어갈 말로 가장 알맞은 것을 고르십시오.

19.

한국에서는 '이열치열'이라는 말이 있다. 이는 더위를 이기려면 뜨거운 음식을 먹어야 한다는 말이다. 이는 어려움이 닥칠 때 노력으로 이겨낸다는 뜻으로도 쓰인다. 즉 힘든 상황에서도 포기하지 않고 적극적으로 (　　　) 자세를 말한다.

① 음식을 만드려는　　② 노력을 포기하려는
③ 문제를 해결하려는　　④ 힘든 것을 겪으려는

종합 연습

20.

> 식당에서 튀긴 음식을 먹을 때 차를 주는 경우가 있다. 차에 포함된 성분이 지방의 흡수를 줄이고, 건강에도 이롭다. 또한, 따뜻한 차는 위를 따뜻하게 하여 음식이 (　　　　) 만들어 준다. 이런 이유로 기름진 음식을 먹을 때 차를 함께 마시면 위의 부담을 줄이는 데 도움이 된다.

① 지방을 차갑게　　② 빠르게 증발되게
③ 소화되기 쉽게　　④ 부담이 많아지게

※ [21-22] 다음을 읽고 물음에 답하십시오.

> 도시는 많은 인구가 모여 살기 때문에 편의시설이 발달하며 교육 및 의료 시설도 잘 갖춰져 있다. 하지만 도시화가 진행되면서 여러 문제도 발생하고 있다. 그중 하나가 교통문제이다. (　　　　　　) 도시화가 진행되면서 차가 많아 도로가 혼잡해지고, 대기 오염이 심각해지는 경우가 많다. 이러한 문제를 해결하기 위해 대중교통을 확대하고, 자전거 도로를 확충하는 등의 노력이 필요하다.

21. (　　　　)에 들어갈 말로 가장 알맞은 것을 고르십시오.

① 가끔　　② 설마
③ 혹시　　④ 특히

22. 윗글의 주제로 가장 알맞은 것을 고르십시오.

① 도시화의 빠른 진행을 위해 편의시설을 늘려야 한다.
② 도시화에 따라 인구가 증가하고 교육 문제가 발생한다.
③ 도시화에 따른 교통과 환경 문제 해결을 위해 노력해야 한다.
④ 도시화는 인구의 증가를 가져오고 의료 시설이 늘어나게 한다.

23. 다음 글의 ㉠과 ㉡에 알맞은 말을 각각 쓰시오.

yoonseo-kim@hankuk.com

받는 사람 minsu-jung@hankuk.com

제목 축하합니다.

민수 씨, 안녕하세요?

돌잔치에 초대해 주셔서 감사드려요.
참석해서 축하해 주고 싶지만 제가 그날 출장을 가야 해서 돌잔치에 (㉠).
정말 미안해요.
선물도 준비했는데 하영 씨에게 저 대신 선물을 (㉡) 부탁했어요.
출장에서 돌아와서 다시 인사 드릴게요.

(㉠)

(㉡)

24. 다음 글의 ㉠과 ㉡에 알맞은 말을 각각 쓰시오.

고구마는 다이어트에 좋은 식품이라고 한다. 그런데 고구마를 조리하는 방법에 따라 (㉠). 일반적으로 구운 고구마는 삶은 고구마보다 칼로리가 더 높다. 그리고 삶은 고구마를 먹으면 구운 고구마보다 배부른 느낌이 더 오래 유지될 수 있다. 따라서 다이어트를 위해서는 군고구마보다는 (㉡).

(㉠)

(㉡)

종합 연습

25. 다음을 참고하여 '저가 커피 시장의 변화'에 대한 글을 200~300자로 쓰시오. 단, 글의 제목은 쓰지 마시오.

저가 커피 이용 현황

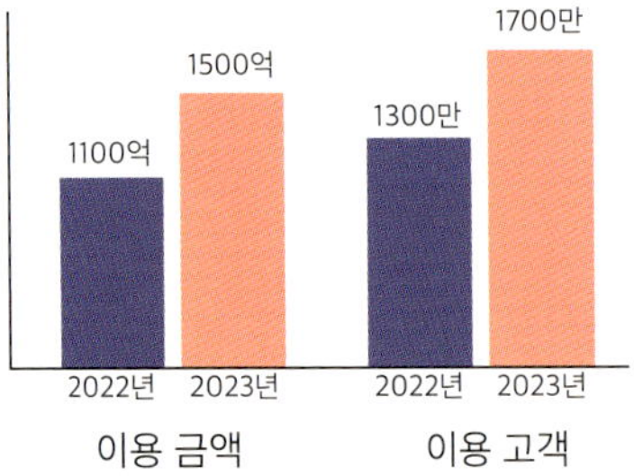

시장 변화 원인

물가 상승 → 저렴한 커피 선호

매장 접근성 → 포장 고객 증가

전망

경제 불황 지속 → 저가 커피 시장 성장

부록

모범 답안

1과

■ 어휘와 표현

◎ 연결하세요.

수하물 — 비행기를 탈 때 부치거나 들고 타는 짐

탑승구 — 비행기, 배, 기차를 타는 입구나 구역

세관 신고 — 출입국을 할 때 세금을 신고하는 것

◎ 빈칸에 알맞은 표현을 채우세요.

1. 보안 검색대 2. 출국 심사 3. 환승해서
4. 이륙하기

◎ 빈칸에 알맞은 표현을 채워 대화를 완성하세요.

1. 지연됐어요. 2. 입국신고서, 착륙할

■ 문법1

◎ 문장을 만드세요.

1. 집에 도착하자마자 화장실에 갔어요
2. 책을 읽자마자 잠이 들었어요

◎ 대화를 만드세요.

1. 아침에 일어나자마자 세수를 해요
2. 화사에 도착하자마자 컴퓨터를 켜요

◎ 다음 밑줄 친 부분에 가장 알맞은 것을 고르세요.

③

■ 문법2

◎ 문장을 만드세요.

1. 영화가 시작하니까 핸드폰을 꺼 놓으세요
2. 명절에는 표가 없으니까 빨리 예매해 놓으세요

◎ 대화를 만드세요.

1. 준비해 놓았어요
2. 알아 놓으세요

◎ 다음 밑줄 친 부분에 가장 알맞은 것을 고르세요.

①

■ 대화

1. 면세점을 둘러봤습니다.
2. 아니요. 비행기가 조금 지연됐습니다.

2과

■ 어휘와 표현

◎ 연결하세요.

화면 — 컴퓨터에서 영상이 나타나는 면

콘텐츠 — 인터넷을 통해 볼 수 있는 정보와 내용

게시판 — 여러 사람이 볼 수 있게 내용을 쓰는 곳

◎ 빈칸에 알맞은 표현을 채우세요.

1. 접속합니다 2. 실시간
3. 비실시간 4. 공유하고

◎ 빈칸에 알맞은 표현을 채워 대화를 완성하세요.

1. 끊기네요 2. 수강할 거예요

■ 문법1

◎ 문장을 만드세요.

1. 회사 근처에 먹을 만한 식당이 많아요
2. 그 가게는 살 만한 물건이 많지 않아요

◎ 대화를 만드세요.

1. 들을 만해요
2. 속상할 만하네요

◎ 다음 밑줄 친 부분에 가장 알맞은 것을 고르세요.

①

■ 문법2

◎ 문장을 만드세요.

1. 엄마 식당은 비빔밥이 맛있더라고요
2. 서울은 물가가 비싸더라고요

◎ 대화를 만드세요.

1. 좋더라고요
2. 많이 보더라고요

◎ 다음 밑줄 친 부분에 가장 알맞은 것을 고르세요.

③

■ 대화

1. 온라인으로 한국어를 공부하고 있습니다.
2. 실시간 온라인 특강 때 만날 수 있습니다.

3과

■ 어휘와 표현

◎ 빈칸에 알맞은 표현을 채워 대화를 완성하세요.

1. 잠시 비우셨습니다 2. 남겨드릴까요?
3. 남겨 주시겠어요? 4. 남겨 드리겠습니다

◎ 빈칸에 알맞은 표현을 채우세요.

1. 전화 주시겠습니까? 2. 전화 드리겠습니다

◎ 빈칸에 알맞은 표현을 채워 대화를 완성하세요.

1. 기다리시게 해서 죄송합니다

■ 문법1

◎ 문장을 만드세요.

1. 일어난다고 해요
2. 탈의실이라고 해요
3. 없다고 해요
4. 듣는다고 해요
5. 한국이 아니라고 해요
6. 혜윤 씨가 혜빈 씨하고 같은 초등학교에 다녔다고 해요
7. 혜빈 씨가 선생님한테서 전화가 왔다고 해요
8. 민수 씨가 이따가 손님이 오실 거라고 해요
9. 김 대리가 오늘은 자기가 사겠다고 해요
10. 링링 씨가 한국어를 배우고 있는 아주 재미있다고 해요
11. 선생님께서 수업 시간에 전화를 받으면 안 된다고 해요
12. 지미 씨가 내일부터 아침마다 수영장에 다닐 거라고 해요

■ 문법2

◎ 문장을 만드세요.

1. 일어나라고 해요
2. 의사 선생님이 밥을 먹고 30분 후에 약을 먹으라고 해요
3. 선생님께서 수업 시간에 휴대폰을 쓰지 말라고 하세요
4. 미키 씨가 한국어 문법을 가르쳐 달라고 해요
5. 서준 씨가 내일 일찍 오라고 해요
6. 지미 씨가 전화를 받지 않으면 메시지를 보내 놓으라고 해요
7. 다카시 씨가 옷을 사고 싶으면 동대문에 가 보라고 해요
8. 혜윤 씨가 밤 11시 이후에는 전화하지 말라고 해요
9. 엘레나 씨가 밤에 늦게까지 게임을 하지 말라고 해요
10. 링링 씨가 한국어를 공부하기 좋은 책이 있으면 소개해 달라고 해요
11. 다카시 씨기 자기한테 한국어 사전을 빌려 달라고 해요
12. 지미 씨가 이 책을 다카시 씨한테 전해 주라고 해요

■ 대화

1. 도착이 10분 정도 늦는다고 말하기 위해 전화했습니다.
2. 6층에 있습니다.

4과

■ 어휘와 표현

◎ 연결하세요.

동문 • • 같은 때에 같이 학교를 다닌 사람
동창 • • 같은 학교에서 공부한 사람
동기 • • 같은 학교를 졸업한 사람

(동문 – 같은 학교를 졸업한 사람, 동창 – 같은 학교에서 공부한 사람, 동기 – 같은 때에 같이 학교를 다닌 사람)

◎ 빈칸에 알맞은 표현을 채우세요.

1. 참석하시기 바랍니다 2. 모여서

◎ 빈칸에 알맞은 표현을 채워 대화를 완성하세요.

1. 정말 오랜만이에요, 예전 그대로예요
2. 몰라보겠어요
3. 그동안 어떻게 지냈어요?
4. 학교 다닐 때로 돌아간 것 같아요

■ 문법1

◎ 문장을 만드세요.

1. 언제냐고 해요 2. 만났냐고 해요
3. 무엇을 할 거냐고 해요
4. 어디에 갔냐고 해요

모범 답안

5. 여행을 갈 거냐고 해요
6. 링링 씨가 이 근처에 슈퍼마켓이 어디에 있냐고 해요
7. 프엉 씨가 지하철로 사이버외대에가 가려면 어디에서 갈아타야 하냐고 해요
8. 투안 씨가 여기가 학생식당이냐고 해요
9. 다카시 씨가 어제 유리 씨가 전화했는데 유리 씨하고 통화했냐고 해요
10. 왕신 씨가 자기 친구가 많이 아픈 것 같은데 어떻게 해야 하냐고 해요
11. 지미 씨가 핸드폰 번호가 몇 번이냐고 해요
12. 민수 씨가 언제 결혼할 거냐고 해요

■ 문법2

◎ **문장을 만드세요.**

1. 한국어만 쓰자고 해요
2. 치킨을 먹자고 해요
3. 열심히 공부하자고 해요
4. 같이 가지고 해요
5. 술 한 잔 하자고 해요
6. 링링 씨가 앞으로 싸우지 말자고 해요
7. 흐엉 씨가 주말에 반 친구들하고 같이 한강에 놀러 가자고 해요
8. 왕신 씨가 자기한테 콘서트 표가 2장 있는데 같이 가자고 해요
9. 윤서 씨가 수업 시간에 자기 나라 말을 하지 말자고 해요
10. 민수 씨가 저녁에 같이 게임을 하자고 해요
11. 투안 씨가 결혼하자고 해요
12. 지미 씨가 주말에 같이 특강을 들으러 가자고 해요

■ 대화

1. 이서준 선생님이 친구들 이야기를 궁금해 하셔서 전화했습니다.
2. 냔냔 씨가 한국에 옵니다.

5과

■ 어휘와 표현

◎ **연결하세요.**

원서	시험을 치르는 사람임을 증명하는 표
수험표	개인의 정보를 증명하는 문서
신분증	시험에 지원하는 내용을 적은 서류

◎ **빈칸에 알맞은 표현을 채우세요.**

1. 접수해야 합니다
2. 응시했지만
3. 6급을 받고 싶습니다.
4. 합격해서

◎ **빈칸에 알맞은 표현을 채워 대화를 완성하세요.**

1. 벼락치기
2. 응원할게요

■ 문법1

◎ **문장을 만드세요.**

1. 샤워를 하느라고 전화를 못 받았어요
2. 휴대폰을 가지러 갔다 오느라고 늦었어요

◎ **대화를 만드세요.**

1. 준비를 하느라고
2. 처리하느라

◎ **다음 밑줄 친 부분에 가장 알맞은 것을 고르세요.**

③

■ 문법2

◎ 문장을 만드세요.

1. 4시간만 잔다니요?
2. 그만하라니요?
3. 갔냐니요?
4. 술 한 잔 하자니요?
5. 아프다니요?
6. 사진을 찍어 달라니요?
7. 기말 시험을 잘 봤냐니요?
8. 진짜 직업이 가수라니요? 아닌 것 같은데요
9. 집에 가라니요? 아직 공부를 다 못했는데요
10. 여름 휴가를 해외로 가자니요? 돈이 없는데요

■ 대화

1. 한국어능력시험을 준비하고 있습니다.
2. 응원을 합니다.

6과

■ 어휘와 표현

◎ 연결하세요.

이력서	지원자의 이력을 적은 문서
자기소개서	어떤 자격을 인정하여 주는 증서
자격증	지원자의 경력, 성격, 계획을 적어서 제출하는 글

◎ 빈칸에 알맞은 표현을 채우세요.

1. 지원한
2. 꿈꿔 온
3. 자신 있는
4. 경력

◎ 빈칸에 알맞은 표현을 채워 대화를 완성하세요.

1. 전공을 살려서
2. 적성에 맞다고

■ 문법1

◎ 문장을 만드세요.

1. 아무한테도 말 안 했는데 그 사람이 알 리가 없어요
2. 민수 씨가 술을 마셨는데 운전을 할 리가 없어요

◎ 대화를 만드세요.

1. 헤어질 리가 없어요
2. 문을 닫을 리가 없어요

◎ 다음 밑줄 친 부분에 가장 알맞은 것을 고르세요.

①

■ 문법2

◎ 문장을 만드세요.

1. 한국어는 우리 학교가 제일 잘 가르치잖아요
2. 요즘 한국 드라마가 인기가 많잖아요

◎ 대화를 만드세요.

1. 그 가수가 노래도 잘하고 춤도 잘 추잖아요
2. 요즘 시험 기간이잖아요

◎ 다음 밑줄 친 부분에 가장 알맞은 것을 고르세요.

①

■ 대화

1. 면접에서 실수할 것 같아서 걱정하고 있습니다.
2. 면접관의 눈을 보면서 자신 있는 목소리로 대답하라고 했습니다.

7과

■ 어휘와 표현

◎ 연결하세요.

부서	회사 일로 다른 곳에 가는 것
출장	단체와 단체가 서로 협력에 관한 것을 정하는 것
협약	회사에서 일에 따라 나뉘어 있는 부문

◎ 빈칸에 알맞은 표현을 채우세요.

1. 업무
2. 근무합니다
3. 거래처
4. 담당자

◎ 빈칸에 알맞은 표현을 채워 대화를 완성하세요.

1. 협력하게, 협약
2. 체결해서, 보고 드리면

■ 문법1

◎ 대화를 만드세요.

1. 모델 같기는요
2. 감사하기는요
3. 좋기는요
4. 힘들기는요

◎ 다음 밑줄 친 부분에 가장 알맞은 것을 고르세요.

③

■ 문법2

◎ 문장을 만드세요.

1. 수업을 시작한 지 5분밖에 안 됐으니까 끝나려면 멀었어요
2. 명절이라서 차가 많이 막히니까 도착하려면 멀었어요

◎ 대화를 만드세요.

1. 졸업하려면 아직 멀었어요
2. 한국 사람처럼 한국어를 하려면 아직 멀었어요

모범 답안

◎ 다음 중 잘못된 문장을 고르세요.

②

■ 대화

1. 무역회사에서 일을 합니다.
2. 예전에 같이 공부한 친구들이 한번 보자고 해서 휴가를 냈습니다.

8과

문화

◎ 읽어 보세요

1. 삼계탕, 미역국, 자장면
2. 삼계탕은 뜨거운 음식을 먹고 더위를 이긴다는 뜻이 있습니다.
   미역국은 자신이 태었을 때 어머니가 겪은 고생을 기억하고 감사하는 의미가 있습니다.
   자장면은 이사하는 날 이웃과 함께 고마움을 나누며 먹는 음식입니다.

◎ 다음 문제를 풀어 보세요.

1. ②	2. ③	3. ①	4. ②	5. ④
6. ③	7. ①	8. ③	9. ③	10. ③
11. ④	12. ④	13. ④	14. ④	15. ③
16. ①	17. ③	18. ④	19. ③	20. ①
21. ①	22. ③	23. ④	24. ①	25. ④
26. ③				

9과

■ 어휘와 표현

◎ 연결하세요.

구성원 •	• 같은 분야에서 경험이 자기보다 앞선 사람
팀워크 •	• 어떤 조직이나 단체를 이루고 있는 사람
선배 •	• 팀이 협동하여 하는 동작. 팀 구성원들 간의 관계

◎ 빈칸에 알맞은 표현을 채우세요.

1. 신입사원 2. 동료
3. 하나하나 4. 갈등

◎ 빈칸에 알맞은 표현을 채워 대화를 완성하세요.

1. 협업해서, 해결할 수
2. 원활하게, 양해를 구하고

■ 문법1

◎ 문장을 만드세요.

1. 작품을 보는 사람에 따라서 느낌이 다릅니다
2. 내일 날씨에 따라서 여행 일정을 조정하겠습니다

◎ 대화를 만드세요.

1. 크기에 따라서 가격이 다른데요
2. 나라에 따라서 문화가 다르니까요

◎ 다음 밑줄 친 부분에 가장 알맞은 것을 고르세요.

③

■ 문법2

◎ 문장을 만드세요.

1. 토요일 한국어 수업은 재미있는 데다가 배울 것이 많아요
2. 제 고향은 경치가 아름다운 데다가 맛있는 음식이 많아서 사람들이 많이 와요

◎ 대화를 만드세요.

1. 목이 많이 부은 데다가 콧물도 심해요
2. 친절한 데다가 저한테 잘 해줘서

◎ 다음 밑줄 친 부분에 가장 알맞은 것을 고르세요.

④

■ 대화

1. 2년 만에 만났습니다.
2. 신입사원이라 배워야 할 것도 많고, 일이 서툴러서 실수할 때가 많습니다.

모범 답안

10과

■ 어휘와 표현

◎ 연결하세요.

병행	두 가지 이상의 일을 한꺼번에 하는 것
힘껏	있는 힘을 다해서
시간을 쪼개다	시간을 나누어서 다른 일을 할 시간을 마련하다

◎ 빈칸에 알맞은 표현을 채우세요.

1. 포기하고 2. 쉴 틈이 없다
3. 밤을 새워야 4. 눈코 뜰 새 없이

◎ 빈칸에 알맞은 표현을 채워 대화를 완성하세요.

1. 두 마리 토끼를 잡는 게
2. 충분히, 최선을 다할게요

■ 문법1

◎ 문장을 만드세요.

1. 공부가 힘들어도 열심히 할 거예요
2. 많이 먹어도 살이 찌지 않아요

◎ 대화를 만드세요.

1. 저는 비가 와도 매일 운동을 해요
2. 아무리 찾아도 없어요

◎ 다음 밑줄 친 부분에 가장 알맞은 것을 고르세요.

③

■ 문법2

◎ 문장을 만드세요.

1. 다카시한테 제 비밀을 말하지 말 걸 그랬어요
2. 술을 조금만 마실 걸 그랬어

◎ 대화를 만드세요.

1. 좀 더 일찍 시작할 걸 그랬어요
2. 좀 더 빨리 출발할 걸

◎ 다음 밑줄 친 부분에 가장 알맞은 것을 고르세요.

③

■ 대화

1. 온라인으로 업무 관련 한국어를 공부하고 있습니다.
2. 힘들어도 항상 최선을 다하는 모습이 대단하다고 생각합니다.

11과

■ 어휘와 표현

◎ 연결하세요.

안부	어떤 사람이 잘 지내고 있는지에 대해 소식이나 인사로 전하거나 묻는 일
진심	거짓이 없는 진실된 마음
그립다	보고 싶고 만나고 싶은 마음이 크다

◎ 빈칸에 알맞은 표현을 채우세요.

1. 연락하고, 끊긴 지, 닿지, 그리워했어요
2. 덕분에요, 떠오르네요. 예나 지금이나
3. 전해 주세요
4. 진심으로 바랄게요, 기원할게요

■ 문법1

◎ 문장을 만드세요.

1. 길이 막혀서 제시간에 도착하지 못할지도 몰라요
2. 저 두 사람은 우리가 모르게 사귀는 사이일지도 몰라요

◎ 대화를 만드세요.

1. 연예인을 만날 수 있을지도 모르겠네요
2. 다른 나라에서 살고 있을지도 몰라요

◎ 다음 밑줄 친 부분에 가장 알맞은 것을 고르세요.

①

■ 문법2

◎ 문장을 만드세요.

1. 그 영화를 꼭 봐야겠어요
2. 날씨가 추우니까 따뜻하게 입어야겠어요

◎ 대화를 만드세요.

1. 머리가 너무 아파서 좀 쉬어야겠어요
2. 이번 주에는 열심히 시험공부를 해야겠어요

◎ 다음 밑줄 친 부분에 가장 알맞은 것을 고르세요.

①

■ 대화

1. 학교 졸업하고 급하게 일본에 취직이 돼서 인사를 못하고 일본에 갔습니다.

2. 하영 씨를 보고 싶어서 일찍 왔습니다.

12과

■ 어휘와 표현

◎ 연결하세요.

- 기침 — 감기 증상 중에 하나로 갑자기 숨소리를 터트리는 일
- 환절기 — 계절이 바뀌는 시기
- 회복하다 — 원래의 상태로 다시 돌아가는 것

◎ 빈칸에 알맞은 표현을 채우세요.

1. 막혀서 2. 심해졌어요 3. 저려요 4. 회복되면

◎ 빈칸에 알맞은 표현을 채워 대화를 완성하세요.

1. 어지러워요, 무리하지 2. 따가워요, 가려워요

■ 문법1

◎ 문장을 만드세요.

1. 날이 추운데 옷을 따뜻하게 입지 그랬어요?
2. 피곤하면 집에서 쉬지 그랬어요?

◎ 대화를 만드세요.

1. 아침식사를 하지 그랬어요?
2. 좀 일찍 출발하지 그랬어?

◎ 다음 밑줄 친 부분에 가장 알맞은 것을 고르세요.

①

■ 문법2

◎ 문장을 만드세요.

1. 컴퓨터가 고장 났으면 이 노트북을 쓰지 그래요?
2. 공부 방법을 모르면 선생님께 물어 보지 그래요?

◎ 대화를 만드세요.

1. 새 컴퓨터를 하나 사지 그래?
2. 지금부터라도 시작하지 그래?

◎ 다음 밑줄 친 부분과 바꾸어 쓸 수 있는 것을 고르세요.

①

■ 대화

1. 기침을 많이 합니다. 코도 막히고 목소리도 평소하고 다릅니다.

2. 아직 가지 않았습니다.

13과

■ 어휘와 표현

◎ 연결하세요.

- 미용 — 아름답게 보이려고 얼굴이나 머리를 꾸미는 것
- 지속력 — 어떤 상태를 지속하는 힘
- 수정하다 — 잘못된 것을 고쳐서 바르게 하는 것

◎ 빈칸에 알맞은 표현을 채우세요.

1. 화장 2. 그리는
3. 번질까 봐 4. 수정해야

◎ 빈칸에 알맞은 표현을 채워 대화를 완성하세요.

1. 연해서, 올려 2. 바른, 지속력

■ 문법1

◎ 문장을 만드세요.

1. 매운 음식을 먹으니까 눈물이 났어요
2. 지하철을 타니까 아주 편했어요

◎ 대화를 만드세요.

1. 공부해 보니까 한국에 대해 잘 알게 됐어요
2. 써 보니까 아주 좋더라고요

◎ 다음 밑줄 친 부분에 가장 알맞은 것을 고르세요.

①

■ 문법2

◎ 문장을 만드세요.

1. 책을 읽는 만큼 새로운 것을 알 수 있어요
2. 관심이 많은 만큼 질문이 많아요

◎ 대화를 만드세요.

1. 공부한 만큼
2. 먹을 만큼 있는데

◎ 다음 밑줄 친 부분에 가장 알맞은 것을 고르세요.

③

■ 대화

1. 미용사 자격증을 따고 싶어 합니다.
2. 화장 기술뿐만 아니라 화장품 종류가 다양하고 미용 산업이 발전했다고 생각합니다.

14과

■ 어휘와 표현

◎ 연결하세요.

비결	다른 사람은 모르는 자기만의 뛰어난 방법
필기시험	시험 답을 글로 써서 치는 시험 종류
조회하다	내용이 맞는지 관계되는 기관에 알아보다

◎ 빈칸에 알맞은 표현을 채우세요.

1. 떨어질까 봐
2. 결과가 나올
3. 도전해
4. 실망하지

◎ 빈칸에 알맞은 표현을 채워 대화를 완성하세요.

1. 실기시험, 긴장돼요, 날아갈 듯할 것 같아요.
2. 합격, 조회하고, 한 번에 붙으면

■ 문법1

◎ 문장을 만드세요.

1. 한국 사람들은 야구를 좋아한다면서요?
2. 에릭 씨가 시험에 합격했다면서요?

◎ 대화를 만드세요.

1. 이번 시험이 어렵다면서요?
2. 내일 면접을 본다면서요?

◎ 다음 밑줄 친 부분에 가장 알맞은 것을 고르세요.

②

■ 문법2

◎ 문장을 만드세요.

1. 제주도는 한국의 대표적인 관광지입니다
2. 다카시 씨는 적극적인 성격입니다

◎ 대화를 만드세요.

1. 내성적이라서
2. 적극적으로

◎ 다음 밑줄 친 부분에 가장 알맞은 것을 고르세요.

①

■ 대화

1. 긍정적인 마음과 규칙적으로 시간을 정해 놓고 실기 연습을 한 것입니다.
2. 엘레나 씨가 이서준 선생님한테 합격하면 맛있는 것을 사 달라고 하였습니다.

15과

문화

◎ 읽어 보세요.

1. 식혜와 달걀을 먹을 수 있고, 양머리를 해 볼 수 있습니다.
2. 치맥과 한강 라면을 먹을 수 있고 자전거를 타거나 조깅도 할 수 있습니다.

◎ 다음 문제를 풀어 보세요.

1. ①	2. ①	3. ③	4. ①	5. ④
6. ③	7. ④	8. ③	9. ②	10. ①
11. ①	12. ②	13. ②	14. ①	15. ②
16. ②	17. ③	18. ①	19. ②	20. ①
21. ①	22. ③	23. ①	24. ②	25. ①
26. ④				

16과

■ 종합 연습

◎ 다음 문제를 풀어 보세요.

1. ③	2. ②	3. ②	4. ③	5. ①
6. ②	7. ④	8. ③	9. ②	10. ④
11. ④	12. ①	13. ①	14. ④	15. ③
16. ③	17. ②	18. ③	19. ③	20. ③
21. ④	22. ③			

모범 답안

23. ㉠ 참석 못하게 되었어요 / 참석 못할 것 같아요,
    못 가게 되었어요 / 못 갈 것 같아요
    ㉡ 전해 달라고 / 전달해 달라고
24. ㉠ 칼로리가 다르다 / 칼로리가 다르다고 한다
    칼로리가 달라진다 / 칼로리가 달라진다고 한다.
    ㉡ 삶은 고구마를 먹는 것이 좋다
    삶은 고구마를 선택하는 것이 좋다.

25. 저가 커피 이용 현황을 살펴보면 2022년 전체 이용 금액이 1100억 원에서 2023년 1500억 원으로 가파르게 증가하였다. 이용 고객도 2022년에는 1300만 명에서 2023년에는 1700만 명으로 크게 증가하였다. 이러한 변화의 요인은 먼저 물가가 상승에 따라 소비자들이 가격이 저렴한 커피를 선호하는 경향이 나타났기 때문이다. 또한 저가커피 매장은 접근성이 좋아 포장해 가는 사람들이 많아진 것도 영향을 미쳤다. 경제 불황이 지속되는 상황에서 저가커피 시장은 앞으로도 꾸준히 성장할 것으로 전망된다.(282자)

어휘 색인

어휘 색인

집필

진정란
사이버한국외국어대학교 한국어학부 교수

이민우
사이버한국외국어대학교 한국어학부 교수

노채환
사이버한국외국어대학교 한국어학부 교수

송은정
사이버한국외국어대학교 한국어학부 교수

허원진
사이버한국외국어대학교 한국어학부 겸임교수

허은혜
사이버한국외국어대학교 한국어학부 강사

안유진
파리시테대학교 한국학과 전임강사

정민수
한국외국어대학교 한국어문화교육원 강사

중급 한국어 ❶

초판 1쇄 발행 2026년 1월 1일

지은이 사이버한국외국어대학교 한국어학부
펴낸이 박영호, 박민우
기획팀 송인성, 김선명, 김선호
편집팀 박우진, 김영주, 김정아, 최미라, 전혜련, 박미나
관리팀 임선희, 정철호, 김성언, 권주련
펴낸곳 (주)도서출판 하우

주소 서울시 중랑구 망우로68길 48
전화 (02)922-7090
팩스 (02)922-7092
홈페이지 http://www.hawoo.co.kr
e-mail hawoo@hawoo.co.kr
등록번호 제2016-000017호

값 25,000원
ISBN 979-11-6748-277-8 14710
ISBN 979-11-6748-274-7 (set)

* 이 책의 저자와 (주)도서출판 하우는 모든 자료의 출처 및 저작권을 확인하고 정상적인 절차를 밟아 사용하였습니다. 일부 누락된 부분이 있을 경우에는 이후 확인 과정을 거쳐 반영하겠습니다.

* 이 책은 저작권법에 따라 보호받는 저작물이므로 무단 전재와 무단 복제를 금지하며, 이 책 내용의 전부 또는 일부를 이용하려면 반드시 저작권자와 (주)도서출판 하우의 서면 동의를 받아야 합니다.